De nior

La Monarchie triomphante

Les textes ont été rédigés avec la collaboration de
Christian Biet, Jean-Paul Brighelli, Jean-Paul Desroches,
Gérard Gengembre, Jean Goldzink, Catherine Gousseff,
Anne Nercessian, Amina Okada
Les illustrations sont de
Nicole Baron, Matthieu Blanchin, Vincent Brunot, Jean-Philippe Chabot,
Claude Delamarre, Jerry Embleton, Shi-Cong Fang, Henri Galeron,
Donald Grant, Christian Heinrich, Jean-Louis Morelle, Nicolas Wintz

Gallimard-Larousse

Encyclopédie Découvertes Junior

Publiée sous la direction de : Pierre Marchand

Réalisée avec le concours des plus grands auteurs et illustrateurs français et étrangers, «Découvertes Junior» est une encyclopédie visuelle qui parle à l'imaginaire tout en informant le lecteur. Des origines à nos jours – du Big-Bang à la dernière décennie – «Découvertes Junior» se propose de faire découvrir, à un public curieux et exigeant (10-15 ans), les civilisations qui ont façonné notre histoire au cours des millénaires.

Pour chacun des sujets abordés (nature, histoire, sciences et techniques, littérature, arts...), un code couleur a été mis en place correspondant à chaque thème traité :

Histoire

Sciences de la nature

Sciences et techniques

Arts

Littérature

Table des matières

Dépôt légal : novembre 1992
Numéro d'édition : 54581
ISBN : 2-07-054910-0

Photogravure : Ernio
Imprimé chez Editoriale Libraria, Trieste, Italie.
4e trimestre 1992

A.
Papauer.R

Pil.
De Cynogl

OL:
CAMPH.

Où la monarchie s'affirme en France et les grandes puissances se disputent la suprématie en Europe… Où le Roi-Soleil s'installe à Versailles et favorise les arts et les lettres… Où les Provinces-Unies s'agrandissent sur la mer et l'Angleterre décapite un roi… Où les tsars de Russie construisent un immense empire… Où l'Inde moghole resplendit et Pékin devient la capitale de la Chine… Où les Européens font prospérer les colonies d'Amérique…

Vers la monarchie absolue

Les Trois Mousquetaires
Alexandre Dumas père, dans son roman (1844), raconte les aventures de **Aramis**, **Athos** et **Porthos**, mousquetaires de Louis XIII, dévoués à la reine. **D'Artagnan**, cadet de Gascogne, se joint à eux. Ils font ici le serment qui les unit : «Un pour tous, tous pour un…» Créés en 1622 par Louis XIII les mousquetaires vont à pied ou à cheval.

Les mousquetaires, qui portent à la fois le fusil – le mousquet – et l'épée, sont les troupes d'élite des rois de France. Louis XIII et Richelieu, son Premier ministre, les utilisent pour mater les révoltes protestantes et pour repousser l'ennemi espagnol. Ils sont recrutés parmi les cadets des familles nobles. En effet, pour éviter de diviser le patrimoine familial, seuls les aînés héritent des biens. Les cadets s'engagent alors dans l'armée ou dans les ordres religieux.

Les gants d'Anne
Dans les tableaux représentant **Anne d'Autriche**, femme de Louis XIII, celle-ci ne porte jamais ses gants. Ils sont soit posés sur une table, soit tenus : la reine était très fière de l'extrême blancheur, très aristocratique, de ses mains.

Marie de Médicis, pour épouser **Henri IV**, débarque à Marseille en 1600 : **Rubens**, qui a peint l'ensemble de sa vie, représente, dans le goût de l'époque, les sirènes du port s'extasiant devant sa beauté. Elle a vingt-sept ans.

Le futur Louis XIII naît en 1601 à la grande joie d'Henri IV. Plus tard, le roi reçoit – à quatre pattes avec son fils sur le dos – l'ambassadeur d'Espagne, à qui il déclare : «Eh bien, Monsieur, n'avez-vous pas d'enfants ?»

La régence

Marie de Médicis ne se résout pas à être seulement la mère du **dauphin** – l'héritier du trône. Elle est accusée d'avoir comploté l'assassinat du roi, en 1610. Louis XIII étant trop jeune pour régner, la reine assure la régence. Elle s'appuie pour gouverner sur un couple d'Italiens venus avec elle, **Galigaï**, sa sœur de lait, et **Concini**. En 1617 le jeune Louis XIII fait assassiner Concini par **Vitry**, l'un de ses fidèles. Sa femme, accusée de sorcellerie, est décapitée. Marie de Médicis entre alors en guerre contre son fils. Ses troupes sont défaites. En 1620, elle se réconcilie avec Louis XIII et lui présente l'un de ses fidèles les plus brillants, **Richelieu**, qui devient l'homme de confiance du roi. Après **«la journée des Dupes»**, le 10 novembre 1630, Louis XIII exile définitivement sa mère. Au cours de cette journée, la reine, jalouse de l'influence de Richelieu sur le roi, avait tenté de le disgracier. Elle meurt à Cologne en 1642.

Henri IV, le Gascon

Avant sa mort en 1589, Henri III, qui n'a pas d'enfants, désigne son cousin, Henri de Bourbon, de confession calviniste et déjà roi de Navarre, comme l'héritier au trône de France. Celui-ci devient «roi de France et de Navarre» sous le nom d'Henri IV. Pendant neuf ans, le nouveau roi affronte les seigneurs catholiques de la Ligue et se convertit finalement au catholicisme en 1593 : «Paris vaut bien une messe», aurait-il dit. Il entre dans la capitale le 22 mars 1594.

Avec l'édit de Nantes (1598), Henri IV assure jusqu'à la fin de son règne (1610) une relative liberté de culte et la paix dans une France dévastée par quarante années de guerres de religion. Sully, son Premier ministre très populaire, travaille au redressement économique du royaume. Son action s'inspire de sa célèbre formule : «Labourage et pâturage sont les deux mamelles de la France.» Pour remplir les caisses, le roi crée en 1604 la paulette, un impôt sur les charges administratives vendues par l'Etat. En contrepartie, celles-ci deviennent héréditaires.

Henri IV, originaire de Gascogne, a bien des côtés gascons – à tel point que le mot signifie, à l'époque, « mal dégrossi», mais aussi « téméraire». Il se lave peu, a des mœurs fort dissolues et des façons de parler vulgaires, au dire des seigneurs les plus raffinés. Mais peu à peu la cour se modèle sur lui : de son règne datent les déplorables coutumes d'hygiène qui séviront pendant tout le XVIIe siècle alors que les hommes du siècle précédent avaient acquis en Italie des pratiques moins rustres.

Le roi donna lui-même deux fois le fouet au futur Louis XIII, l'une parce qu'il avait fait tirer un coup de pistolet à blanc à la tête d'un gentilhomme qu'il n'aimait pas, l'autre pour avoir écrasé la tête d'un moineau. Comme la reine Marie de Médicis le lui reprochait, Henri répliqua : «Madame, priez Dieu que je vive ; car lui il n'aura personne qui le fouette ; et il vous maltraitera si je n'y suis plus.» En effet, après s'être réconcilié avec sa mère, Louis XIII l'exilera définitivement en 1630.

L'assassinat d'Henri IV
Le 14 mai 1610, Henri IV est poignardé par **Ravaillac** rue de la Ferronnerie, vieille rue au cœur de Paris, où le carrosse du roi était bloqué par un embarras de charrettes. C'était la quatorzième tentative d'assassinat dirigée contre le roi ! On ne sait si Ravaillac fut poussé au crime par la Contre-Réforme catholique pour se venger du roi converti, ancien huguenot, ou bien pour l'empêcher de voler au secours des princes protestants d'Allemagne. Ravaillac est passé à la question, mais les conclusions des juges disparaîtront dans l'incendie du palais de Justice en 1618. Ravaillac est condamné à faire «amende honorable» en se repentant publiquement. On lui tranche ensuite le poing droit, puis il est torturé et écartelé. C'était là le châtiment infligé aux régicides.

Le peuple, qui aimait le roi, se pressa en foule à cette exécution.

Les ballets
Ce que l'on appelle ballet au début du XVIIe siècle n'a rien à voir avec ce que nous nommons ainsi aujourd'hui. Le ballet est alors le divertissement de cour par excellence. Les danseurs ne sont pas des professionnels, mais des seigneurs venus faire admirer leur grâce et leurs costumes, mélange de mythologie, de symboles de la nature, d'animaux, dans des décors fantastiques (grottes, fontaines, forêts). Souvent, ils portent des masques qui sont aussi monstrueux et fantasques que les décors. Le goût du temps est aux transformations et aux apparences. «Le monde est un théâtre», disent alors les philosophes.

Les victoires françaises de **Rocroi** (1643) puis de **Lens** (1648) amènent les Habsbourg à signer les **traités de Westphalie**.

La France en guerre

Pour freiner les ambitions des Habsbourg d'Autriche et d'Espagne, la France entre dans la guerre de Trente Ans en 1635. Elle soutient les princes protestants allemands, occupe la Lorraine et repousse les Espagnols. Louis II de Bourbon, cousin du roi, dit le Grand Condé, remporte le 19 mai 1643, à vingt-deux ans, la grande victoire de Rocroi, dans les Ardennes, sur les Espagnols. En 1659, la France signe avec l'Espagne le traité des Pyrénées qui consacre sa suprématie en Europe et affermit ses frontières du Nord et du Sud.

Richelieu a toutes les qualités de l'homme d'Etat : il sert les intérêts du royaume avant tout. Travaillant à restaurer l'autorité royale, il développe le corps des **intendants**, qui représentent le roi dans les provinces. Ceux-ci sont à la fois des contrôleurs et des administrateurs qui limitent l'influence des grands seigneurs. Dernier des grands féodaux, Richelieu prépare la monarchie absolue. La simarre du Duc rouge, disait-on, est teinte du sang de ses ennemis décapités au nom de la raison d'Etat. Il méprise l'étiquette et passe souvent devant le roi avec ces mots pleins de sous-entendus : «Pour vous montrer le chemin, Sire.»

La guerre de Trente Ans
Le conflit commence par le refus des princes protestants allemands de reconnaître le nouvel empereur, **Ferdinand II**, élu en 1619. A cela s'ajoute la reprise, en 1621, de la guerre entre les Provinces-Unies et l'Espagne qui, depuis longtemps, possède la Flandre. Danemark et Suède interviennent alors dans la guerre où se joue la suprématie en Europe. La France se lance dans la bataille pour assurer ses frontières dans le Nord et sur les Pyrénées. Enfin, les ambitions personnelles de grands chefs de guerre, comme **Wallenstein** ou **Bernard de Saxe-Weimar**, compliquent ce conflit qui ne s'apaise qu'en 1659, laissant l'Europe centrale dévastée et dépeuplée.

Condé à Rocroi
«Restait cette redoutable infanterie de l'armée d'Espagne, dont les gros bataillons serrés, semblables à autant de tours, mais à des tours qui sauraient réparer leurs brèches, demeuraient inébranlables au milieu de tout le reste en déroute, et lançaient des feux de toutes parts. Trois fois le jeune vainqueur s'efforça de rompre ces intrépides combattants...» (Bossuet, «Oraison funèbre du prince de Condé», 1687).

La chasse, Louis XIII préfère la fauconnerie, à tout autre mode de chasse. L'oiseau (faucon, épervier, gerfaut) est porté, encapuchonné, sur un gant de fer. Ses yeux sont libérés pour le lancer sur une proie. Les seigneurs chassent à courre, en dévastant les récoltes.

La paysannerie

La «poule au pot chaque dimanche», promise par Henri IV à tous les Français, est plus un mythe qu'une réalité. Le taux de mortalité dans les campagnes au XVIIe siècle est très élevé. L'Europe est alors régulièrement frappée par des épidémies et des famines dues aux mauvaises récoltes et aux lourds impôts levés pour faire la guerre. En France, de nombreux impôts frappent les paysants qui supportent la plus grande part du fardeau fiscal : la noblesse et le clergé ne paient pas d'impôt. La taille est payée au seigneur ; elle comprend le champart, payé en nature, et la capitation, somme due par tête d'habitant ; à quoi s'ajoutent la taille royale et la dîme perçue sur les récoltes par le clergé. La gabelle – impôt sur le sel, seule denrée permettant la conservation des aliments – varie selon les régions, certaines étant exemptées, d'où des trafics sévèrement réprimés. Enfin paysans et bourgeois doivent entretenir les troupes et loger à leurs frais les armées de passage.

Les révoltes de croquants «Pressurés» par les impôts, les «croquants» (paysans et hommes de rien) se révoltent en Normandie vers 1625, et en Poitou-Charentes vers 1635-1636. Bientôt tout le Sud-Ouest se soulève, de la Garonne à la Loire. Richelieu mate dans le sang cette «émotion». Au début de juin 1637, la troupe attaque les croquants dans la ville d'**Eymet**, en tue 14 000 au combat, pend ou brûle les autres. Elle fait de même à **Bergerac** contre les 6 000 derniers.

Grimmelshausen, né vers 1622 en Allemagne, a passé toute son enfance dans des contrées dévastées par la guerre de Trente Ans. Son roman autobiographique, «La Vie de l'aventurier Simplicius Simplicissimus», témoigne des méthodes brutales des soldats : «Quand ces cavaliers entrèrent dans les pièces enfumées de mon père, la première chose qu'ils firent fut d'y installer leurs chevaux ; puis chacun s'occupa de vaquer à sa tâche particulière, qui semblait être de tout détruire et de tout saccager. Tandis que quelques-uns se mettaient à égorger les bêtes, à en faire bouillir ou rôtir la chair, si bien qu'on eût dit qu'on allait tenir un banquet, il y en avait d'autres qui bouleversaient la maison du haut en bas. D'autres faisaient de grands paquets de linge, de vêtements, de toutes sortes d'ustensiles, comme pour ouvrir quelque part un marché de brocanteurs ; quant à ce qu'ils comptaient ne pas emporter, ils le mettaient en pièces…
On se mit alors à retirer de l'écrou des pistolets les pierres à feu, mais pour les remplacer par des pouces de paysans et torturer ainsi les pauvres hères, comme s'il s'agissait de brûler des sorcières. D'ailleurs, les soldats avaient déjà jeté dans le four un des paysans faits prisonniers, et ils travaillaient à le chauffer, quoiqu'il n'eût encore rien avoué…»
Tous ces soldats étaient des mercenaires qui ne se contentaient pas de leur solde et pillaient aussi bien les territoires ennemis que ceux où ils étaient cantonnés.

Les frères Le Nain Louis (v. 1600-1648), Antoine (v. 1600-1648) et Mathieu (1607-1677), sont les premiers à peindre la paysannerie, sans que l'on puisse distinguer leurs œuvres respectives.

«Retour de la fenaison» «Savez-vous ce que c'est que faner ? Il faut que je vous l'explique : faner est la plus jolie chose du monde, c'est retourner du foin en batifolant dans une prairie», écrit Mme de Sévigné en 1671. Ce tableau de Le Nain, «Retour de la fenaison», ne donne pas tout à fait l'impression de «batifolage». Les paysans sont vêtus de tissus sombres, moins salissants, les enfants aussi, car on taille leurs habits dans les vieilles hardes des parents.

La population de la France, vers 1610, est d'environ 17 millions d'individus. Elle l'est encore en 1650 : guerre, épidémies, famines et répression royale n'ont pas amélioré la vie des paysans qui composent 90 % de la population. Seuls 10 % de la population parlent le français ; les patois régionaux se mêlent aux langues régionales et étrangères.

Les paysans voyagent peu : la distance moyenne au XVIIe siècle, entre le logis du marié et celui de sa fiancée, est de sept kilomètres.

L'Espagne sous Philippe IV
L'expulsion des morisques, descendants des Arabes et des juifs convertis, commencée par **Philippe III**, appauvrit encore le royaume ruiné par des guerres successives.

«Les Ménines» (1656) sont peintes par **Diego Velázquez** (1599-1660), qui est à gauche, le couple royal se reflétant au fond dans un miroir.

Philippe IV d'Espagne (1605-1665)
Très influencé par son ministre **Olivares**, le roi tente comme ses prédécesseursde rendre la puissance à l'Espagne par la guerre. Mal lui en prend : il perd les Provinces-Unies (Pays-Bas, 1648) et échoue contre la coalition franco-anglaise à la **bataille des Dunes**, près de Dunkerque : l'armée espagnole emmenée par **Don Juan d'Autriche** et par **Condé**, révolté contre le roi de France, est écrasée par les troupes de **Turenne** (1658). **La paix des Pyrénées**, l'année suivante, scelle la réconciliation franco-espagnole et le mariage du jeune Louis XIV avec l'infante **Marie-Thérèse** la cimente. Philippe IV n'a pas plus de succès à l'intérieur de ses frontières : la **Biscaye** et la **Catalogne** se révoltent et le **Portugal** conquiert son indépendance, avec l'aide de Richelieu, en 1640.

«Le monde où Velázquez vivait était triste. Un roi dégénéré, des infants malades, quelques pitres monstrueux vêtus en princes... » (Elie Faure, «Histoire de l'art»).

Aristocrates avant tout

Pendant que les noblesses anglaise, allemande et russe s'initient au français, l'aristocratie française apprend l'italien et l'espagnol, les deux langues étrangères les plus parlées en France au XVIIe siècle. Depuis le début du XVIe siècle, les Français sont allés faire plusieurs guerres en Italie. Eblouis par la Renaissance, ils ont invité les artistes transalpins à s'installer à la Cour, et les plus grands seigneurs ont adopté un mode de vie à l'italienne. Henri IV choisit de s'allier en Italie ; il épouse Marie de Médicis, qui, pendant sa régence, prend pour Premier ministre, l'Italien Concini. Son assassinat ne décourage cependant pas les étrangers : Mazarin – que ses ennemis de la Fronde appellent Mazarini – est le ministre de la régente Anne d'Autriche, fille de Philippe III d'Espagne, pendant la minorité de Louis XIV. L'appartenance à l'aristocratie compte à cette époque plus que la nationalité : Condé passe au service des Espagnols détestés, et Mazarin s'emploie, en 1660, à marier le jeune Louis XIV avec sa cousine, l'infante Marie-Thérèse, fille de Philippe IV. Le roi a même la délicatesse d'aller accueillir sa jeune épouse à Saint-Jean-de-Luz où l'évêque de Bayonne célèbre leur mariage dans la petite église face au port.

D'Artagnan
«... se battait comme un tigre en fureur, tournant dix fois autour de son adversaire, changeant vingt fois ses gardes et son terrain. Jussac était, comme on le disait alors, friand de la lame, et avait fort pratiqué : cependant il avait toutes les peines du monde à se défendre contre un adversaire qui, agile et bondissant, s'écartait à tout moment des règles reçues, attaquant de tous les côtés à la fois, et tout cela en parant en homme qui a le plus grand respect pour son épiderme...

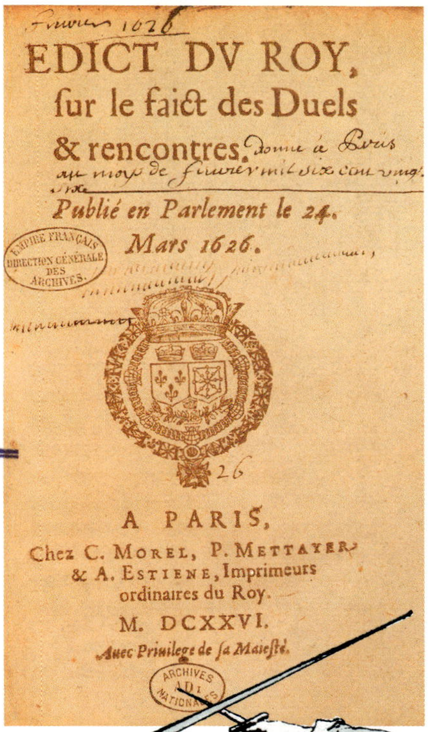

Le duel interdit

«A moi, comte, deux mots !» Par ces mots commence l'apostrophe de Don Rodrigue, le futur Cid, à celui qui aurait dû être son beau-père, le comte Don Gormas. Qu'importe à Corneille et à son public de 1637 que l'action soit censée se passer au Moyen Age, les comportements décrits dans ce rituel de provocation sont ceux du XVIIe siècle. Et ce, malgré tous les édits promulgués par Henri IV, puis Louis XIII, contre les duels. Don Gormas est tué, aux applaudissements de la salle, et à la grande colère du Cardinal. En représailles, il désigne le dernier ouvrage du sieur Corneille à la censure de la toute nouvelle Académie française, créée pour exécuter, dans les Lettres, la volonté du cardinal-ministre. Entre 1588 et 1608, plus de 10 000 gentilshommes meurent en duel, non seulement sur le pré, mais des suites de blessures, parfois légères : septicémie et tétanos sont fréquents à cette époque d'hygiène très relative. Non seulement on se bat avec son adversaire, mais les témoins se battent entre eux. De surcroît, ces duels ne sont pas toujours bien réglementaires, et plusieurs furent des assassinats déguisés. Henri IV veut sévir, mais meurt assassiné. Entre 1608 et 1723, huit édits royaux prétendent interdire le duel. Même les exécutions de nobles qui ont contrevenu à la volonté royale ne sont guère dissuasives, et les duels continuent jusqu'à la fin du XIXe siècle.

Jussac, voulant en finir, porta un coup terrible à son adversaire en se fendant à fond ; mais celui-ci para prime, et tandis que Jussac se relevait, se glissant comme un serpent sous son fer, il lui passa son épée au travers du corps. Jussac tomba comme une masse.»

(A. Dumas, «les Trois Mousquetaires», 1844).

Corneille est plus l'auteur de la noblesse que celui du roi : ses pièces, du «Cid» à «Horace», abondent en duels, même si la bienséance interdit de les représenter sur scène. Dans une représentation d'«Horace», le héros, Horace, doit poursuivre, l'épée à la main, sa sœur Camille, et la tuer en coulisses. Un soir, l'actrice s'embarrasse dans sa robe et trébuche.

L'acteur rengaine son arme, aide sa partenaire à se relever, la salue, et la poursuite reprend sous les applaudissements du public.

Edit de Louis XIII contre les duels
«A ces causes nous ordonnons que ceux qui tombent dorénavant dans ce crime soit appelans, ou appelés, demeurent dès lors privés de leurs charges, s'ils en ont, et déchus de toutes pensions, et autres grâces qu'ils tiendront de nous, sans espérance de les recouvrer jamais, et qu'en outre, ils seront punis selon la rigueur des édits précédents.» (1626).

En 1627, Richelieu se réjouit de la décapitation en place de Grève du **comte de Bouteville**, infatigable champion du duel, qui défiait les édits du roi.

Amateur d'art dramatique, Richelieu fait construire un théâtre au Palais-Cardinal, actuel Palais-Royal. Le cardinal laisse même entendre qu'il a écrit «Mirame», une tragédie, avec l'aide de **Desmarets de Saint-Sorlin**, unique auteur de cette pièce.

Le personnage de Cyrano de Bergerac
La pièce d'**Edmond Rostand** (1868-1918), «Cyrano de Bergerac», date du XIXe siècle : la première eut lieu le 28 décembre 1897, au théâtre de la Porte-Saint-Martin. Le plus grand acteur de l'époque, **Coquelin** – à qui la pièce est dédiée –, a imposé au jeune auteur (il n'a pas trente ans) des modifications conséquentes dans la pièce, de façon à élargir encore son rôle, pour en faire le plus long du théâtre français : plus de grandes tirades, plus de vers… A moins d'une heure du lever de rideau, Rostand s'effondre en pleurs dans les bras de son acteur : «Pardon ! Ah ! Pardonnez-moi, mon ami, de vous avoir entraîné dans cette désastreuse aventure…». Il est persuadé que la pièce fera un four, un échec complet auprès du public. C'est un triomphe total. On joue à guichets fermés pendant plus d'un an. En 1913 se donne la millième représentation. Ce succès n'a jamais été démenti grâce au tour de force de très grands acteurs, de Coquelin à **Gérard Depardieu**, au cinéma en 1990.

L'homme Cyrano de Bergerac
n'est pas un personnage de fiction. Ecrivain, vivant plutôt mal de sa plume, né en 1619, il est assassiné en 1655. Il fréquente les milieux rationalistes qui diffusent les idées antireligieuses du philosophe et mathématicien français **Gassendi** (1592-1655). De son vivant Cyrano publie deux pièces, «la Mort d'Agrippine» (1653) et «le Pédant joué» (1654), dont son ami Molière s'inspirera pour la scène des «Fourberies de Scapin», scandée par le fameux : «Mais que diable allait-il faire dans cette galère ?» A sa mort, son ami **Le Bret** publie son «Histoire comique des Etats et Empires de la Lune et du Soleil», où Cyrano décrit divers moyens de monter sur la Lune : en se ceinturant de fioles pleines de rosée, en se laissant happer par la marée descendante, attirée par la Lune, etc. Le nez de Cyrano était remarqué à l'époque moins par sa taille que par la cicatrice laissée par un coup d'épée car Cyrano était un redoutable duelliste.

La machine arithmétique,
la première machine à calculer inventée par Pascal en 1645.

Deux génies

En septembre 1647, Descartes (1596-1650) et Pascal (1623-1662), à la fois scientifiques et philosophes, se rencontrent à deux reprises et parlent de la nature et du vide. Pascal vient de refaire au sommet du Puy-de-Dôme l'expérience de Torricelli sur la mesure de la pression atmosphérique à l'aide d'un tube rempli de mercure retourné sur une bassine pleine du même métal. Il pense que la partie libérée par le mercure dans le tube, pour s'établir au niveau de pression du lieu de l'expérience, est vide. Le vide, estime Descartes à tort, est impossible car incompatible avec la nature.

Pascal est un jeune homme, de santé fragile, à qui son père a dû interdire, à dix ans, l'usage des manuels de mathématiques, et qui a retrouvé seul les principes de la géométrie d'Euclide.

Il s'intéresse au calcul des probabilités et détermine des principes d'hydrostatique (équilibre et pression des liquides). Pascal fréquente les salons. Mais il a une foi profonde, renforcée par une nuit d'extase mystique, le 23 novembre 1654, où il voit une lumière céleste l'environner. Dans les «Pensées», Pascal montre la nécessité de Dieu face aux vanités du monde.

Descartes, après avoir entamé une carrière militaire et goûté à la vie mondaine, se consacre à la philosophie et aux sciences. Remettant tout en doute, il travaille à l'élaboration d'une méthode «pour bien conduire sa raison», et compare la philosophie à un arbre «dont les racines sont la métaphysique, le tronc est la physique, et les branches qui sortent de ce tronc sont toutes les autres sciences qui se réduisent à trois principales, à savoir la médecine, la mécanique et la morale».

Descartes et **Pascal** (à droite) ont travaillé avec **Mersenne**, qui introduit en France la pensée de Galilée. Résidant en Hollande dès 1629, Descartes préconise comme méthode («Discours de la méthode» de 1637) de douter de toutes les connaissances acquises.

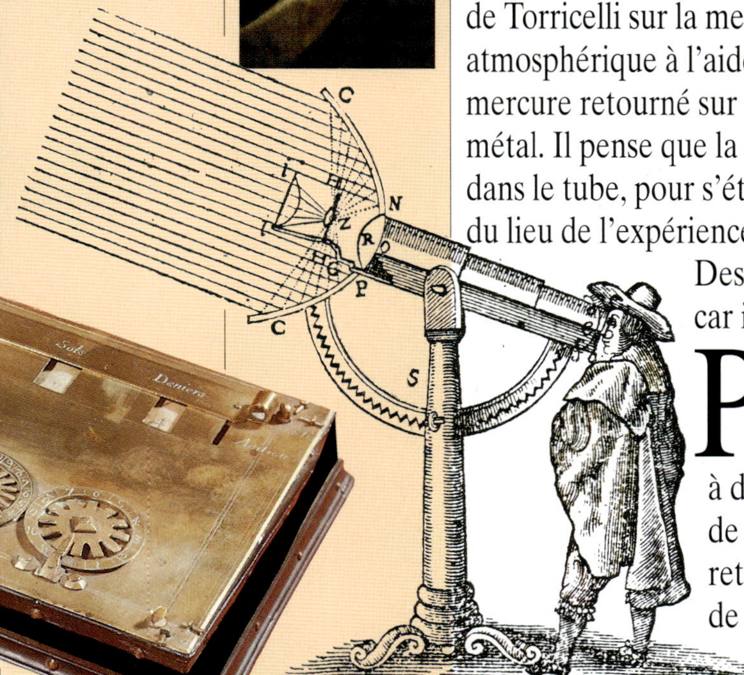

Descartes a déterminé les lois de la **réfraction** des rayons lumineux.

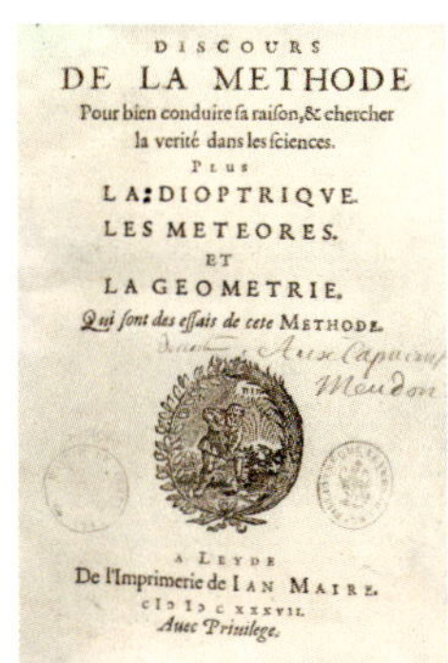

DISCOURS
DE LA METHODE
Pour bien conduire sa raison, & chercher la verité dans les sciences.
PLUS
LA DIOPTRIQVE.
LES METEORES.
ET
LA GEOMETRIE.
Qui sont des essais de cete METHODE.

A LEYDE
De l'Imprimerie de IAN MAIRE.
CIƆ IƆ C XXXVII.
Avec Privilege.

Les vanités sont en général des natures mortes, avec des éléments constants (crâne, livre, bougie, instrument scientifique, etc.) qui évoquent la mort par opposition aux plaisirs de la vie. Ce genre pictural s'est largement développé, au XVIIe siècle.

La peur des Espagnols

Le 7 août 1636, les Espagnols passent la frontière des Flandres, envahissent la Picardie et prennent Corbie. Paris s'affole : «Tout y fuyait, et on ne voyait que carrosses, coches et chevaux sur les chemins d'Orléans et de Chartres, qui sortaient de cette grande ville pour se mettre en sûreté, comme si déjà Paris eût été au pillage. On n'entendait que murmures de la populace contre le Cardinal qu'elle menaçait comme étant cause de ces désordres : mais lui, qui était intrépide, pour faire voir qu'il n'appréhendait rien, monta dans son carrosse et se promena sans gardes dans les rues, sans que personne lui osât dire mot.» («Mémoires» du marquis de Montglat). Mais les Espagnols perdent du temps à se ravitailler et sont battus sous Corbie en novembre.

Soldats de la guerre de Trente Ans

Les soldats des troupes espagnoles, constituées de mercenaires, vivent d'une maigre solde très irrégulièrement payée et ne sont pas ravitaillés. Ils vivent donc du pillage des campagnes, souvent déjà dévastées, et progressent d'une manière très lente et désorganisée. Aussi les armées ne peuvent-elles être très nombreuses : Condé gagne la bataille de Lens avec moins de 13 000 hommes contre 18 000 Espagnols.

Le siège d'une ville est une opération de longue haleine. Pendant que des troupes montent à l'assaut, l'arrière s'égaille dans la campagne. Les soldats organisent des parties de cartes et de dés, des beuveries et des pillages alentour. Ils vivent de rapines et mettent les campagnes en coupe réglée, en semant la mort sur leur passage.

Charles Ier monte sur le trône d'Angleterre en 1625. La population, gagnée aux idées puritaines, ne lui pardonne pas son catholicisme et les caprices spectaculaires de son Premier ministre **Buckingham**, assassiné en 1628. Marié à la fille d'Henri IV, Charles Ier s'aliène le Parlement. De 1629 à 1640, il gouverne avec un autre favori, **Strafford**. Mais il a besoin d'argent et de troupes : le Parlement, en 1640, les lui octroie en échange de la tête du ministre. Les bourgeois de Londres en profitent pour s'insurger. Une guerre civile oppose alors les **Cavaliers**, monarchistes, aux **Têtes rondes** emmenées par **Oliver Cromwell**, gentilhomme puritain. Le roi s'enfuit en Ecosse et, après plusieurs défaites, est vendu par ses propres troupes, jugé et exécuté.

L'exécution de Charles Ier

Il posa la tête sur le billot, pria un instant, et écarta les bras en disant, à haute voix : «Remember» – souvenez-vous. La hache tomba alors et lui trancha la tête. En janvier 1649, pour la première fois, un roi européen est décapité. Cromwell devient lord protecteur d'Angleterre, d'Ecosse et d'Irlande.

«Ne connaissez-vous donc pas le mot de M. Oliver Cromwell quand [...] on lui a montré le donjon de Vincennes, où était enfermé M. de Vendôme ? [...] – Il ne faut toucher les princes qu'à la tête.» («Vingt Ans après», Alexandre Dumas).

La Fronde

Premier soulèvement de la bourgeoisie contre le pouvoir royal, la Fronde, en ce sens, préfigure la révolution de 1789. Mais c'est surtout la dernière des révoltes nobiliaires. A la mort de Louis XIII, en 1643, Louis XIV a cinq ans. Anne d'Autriche, régente, fait appel au cardinal Mazarin. On prétend même qu'elle l'épouse secrètement. Mais cet étranger est mal accepté par les grands seigneurs qui pensent, depuis la mort de Richelieu, reprendre le pouvoir qu'ils ont perdu. La méthode de Mazarin est différente de celle de son prédécesseur : il n'exécute pas, il emprisonne. Le cousin du roi, le duc de Beaufort, est enfermé à Vincennes pour avoir conspiré. Le Cardinal a besoin d'argent, il lève des impôts nouveaux et s'aliène la sympathie du Parlement.

De grands seigneurs ambitieux comme le cardinal de Retz ou le prince de Conti, des femmes entreprenantes comme la duchesse de Longueville fomentent la révolte. Signe de ralliement : un brin de paille noué en forme de fronde, attaché au chapeau. Paris se soulève en janvier 1649, Mazarin et la famille royale s'enfuient à Saint-Germain, de nuit, déguisés. Louis XIV ne pardonnera jamais aux Parisiens cet épisode et s'en vengera en installant, plus tard, sa cour à Versailles.

Mazarin s'organise pendant que les frondeurs, jaloux de leurs prérogatives, se déchirent. Le prince de Condé, alors aux côtés du roi, affame Paris, en plein hiver. Le 8 février 1649, il défait à Charenton les troupes frondeuses (7 000 fantassins et 4 000 cavaliers). Trois ans plus tard, passé dans l'autre camp, il est à son tour écrasé par Turenne, et ne doit son salut, dans le combat du faubourg Saint-Antoine en 1652, qu'à l'intervention de sa cousine, la Grande Mademoiselle, qui fait tirer les canons de la Bastille sur les troupes du roi.

Le premier opéra
Mazarin fait jouer le premier opéra, **«l'Orfeo»** de **Claudio Monteverdi** (1567-1643), créé à Mantoue en 1607. Le spectacle coûte plus de 400 000 livres-or, somme folle pour l'époque. A la fin du XVIe siècle, les musiciens recherchent une forme d'expression musicale qui soit en elle-même dramatique. L'opéra naît alors. Monteverdi est le premier à unir complètement musique instrumentale et musique vocale pour en faire un art expressif. Le genre plaît à la cour de France où l'italien est parlé couramment.

Mazarinade
A la guerre civile s'ajoutent des conflits privés. On est «Mazarin», ou pour les princes. Les querelles se règlent sur le pré, même celles des dames.

Scarron invente le mot «mazarinade» pour désigner les pamphlets antigouvernementaux.

Mazarinade de Scarron
du 11 mars 1651 :
«Rejeton de feu Concini,
Pour tout dire Mazarini,
Ta carcasse desentraillée
Par la canaille tiraillée
Ensanglantera le pavé…

Ultramontain, tu rendras compte ;
Puis, après ton compte rendu,
Cher Jules, tu seras pendu
Au bout d'une vieille potence.»

Giulio Mazarini (1602-1661) n'a pas quarante ans quand il arrive en France. Remarqué par Richelieu et par la reine Anne d'Autriche, ce fils de pêcheur, laisse, à sa mort, plus de 40 millions de livres-or – une somme colossale. Il bat les frondeurs, gagne la guerre de Trente Ans et installe Louis XIV au pouvoir avec ce conseil d'expert : «Sire, ne prenez jamais de Premier ministre.»

Le correspondant parisien du gouvernement anglais écrit, le 8 juillet 1655 : «Présentement il n'y a nul changement à attendre de ce royaume. Les peuples sont accablés de misères, de tailles, de toutes sortes d'impositions qu'ils aiment mieux souffrir que la guerre. La noblesse est tellement ruinée qu'elle n'est pas capable de monter à cheval pour aucune expédition… Les Parlements sont tous asservis, et ceux qui les composent n'oseraient parler, ni rien dire contre le gouvernement. Les grandes villes ne respirent que le repos et détestent tous ceux qui ont été les auteurs des derniers troubles… Tous les grands seigneurs se plaignent et je n'en connais pas un seul qui soit capable de rien. Pour Paris, tout le monde déteste le présent gouvernement et s'y assujettit volontiers.» Mazarin est toujours ministre. Le règne des financiers comme Fouquet et Colbert commence. Le roi, pourtant en âge de gouverner, n'ose pas encore déplaire au tout-puissant ministre, et attend son heure.

La Fronde des princes
Deux fois Mazarin est exilé à Sedan par la reine. Mais il s'agit à chaque fois d'apaiser les frondeurs qui veulent sa tête, le temps de préparer une riposte contre les grands du royaume.

Le Grand Condé – prince du sang, c'est-à-dire membre de la famille royale – sert d'abord la régente et Mazarin. Il oblige le Parlement frondeur à composer avec Mazarin (1649). Mais ce grand seigneur ne semble pas vouloir en rester là. La régente Anne d'Autriche, pour prévenir ses ambitions, le fait arrêter le 18 janvier 1650 (ci-dessus). Cette arrestation déclenche l'agitation des grands du royaume qui reçoivent l'appui du Parlement. Mazarin relâche finalement le Grand Condé qui prend aussitôt la tête de cette fronde des princes et marche sur Paris avec une armée. Il est battu par les troupes royales de **Turenne** à **Bléneau** (1652) puis au faubourg Saint-Antoine (ci-contre). Le Grand Condé trouve alors refuge dans Paris, mais il doit bientôt quitter la ville pour les Pays-Bas, où il se met au service des Espagnols, sans remporter de victoires. Déchu de ses titres et propriétés et condamné à mort en 1654, le Grand Condé est finalement réhabilité au traité des Pyrénées, en 1659.

Enfances du Grand Siècle

Il n'est pas facile d'être un enfant au XVIIe siècle. Le mot lui-même signifie, étymologiquement, «celui qui ne parle pas». Les enfants n'ont pas droit à la parole. Les petits nobles ne commencent à exister qu'à leur entrée dans le monde. Il en est de même du roi : en dehors des cérémonies, il est fort négligé, les courtisans entourent sa mère, ou le Premier ministre. On l'éduque, mais on ne l'écoute pas.

La condition de bébé, que l'on soit Louis XIV ou un quelconque petit noble, est la même : on est confié à une nourrice. Le nourrisson est emmailloté étroitement des pieds à la tête car on croit alors que le contact avec l'air extérieur peut le tuer. Malgré ces précautions, ou peut-être à cause d'elles, le taux de mortalité infantile est très élevé : un bébé n'a, au mieux, qu'une chance sur dix d'atteindre sa dixième année. La mort d'un enfant est d'ailleurs vécue moins dramatiquement qu'aujourd'hui : **Montaigne**, en 1590, ignore le nombre exact de ses enfants – en particulier celui de ses filles. On s'occupe plus volontiers d'un garçon, qui héritera du nom et de la terre, que d'une fille qu'il faudra doter pour la marier. Plus tard, on habillera indifféremment garçons et filles d'une robe, plus pratique. Et l'on invente le «trotte-bébé».

L'enfant n'est pas encore considéré comme une personne, mais on commence à le reconnaître.

L'enfance d'un roi
Même le petit Louis, futur Louis XIV, est fort négligé. Son valet de chambre, **Laporte**, décrit dans ses «Mémoires» les draps de lit troués du roi qu'il attribue à l'avarice de Mazarin : en fait, personne ne s'en soucie. Sa Majesté est habillée en grande cérémonie quand on a besoin d'elle pour signer les édits royaux. Puis, soigneusement dépouillé de ses habits luxueux, le roi va jouer avec les petits gueux de la Cour dans les fossés du Louvre. On s'occupe toutefois de son éducation. Les précepteurs lui enseignent l'histoire – il dévore une édition illustrée de la vie d'Alexandre le Grand, sur lequel il décide de prendre modèle –, le latin et l'étiquette : l'art de savoir se tenir en toutes circonstances.

L'éducation
Les enfants de la bourgeoisie – pas tous encore – apprennent quelques rudiments sous la férule d'un maître sévère. Les châtiments corporels pleuvent. Les élèves doivent d'ailleurs veiller au confort de la classe : ils apportent eux-mêmes de quoi chauffer les rares écoles. Cette alphabétisation ne touche pas les petits paysans qui, pour longtemps encore, ne savent pour la plupart ni lire ni écrire.

Le siècle de Louis XIV

Le 10 mars 1661, Louis XIV, alors âgé de vingt-trois ans, décide de gouverner seul, en «monarque absolu». Le règne de la Régente, sa mère, est terminé ; les ministres devront se plier aux ordres du roi ; la cour se regroupera autour de lui et l'on sait que ce jeune homme infatigable, autoritaire et quelque peu folâtre porte alors l'espoir de la nation. C'est le début d'un règne de cinquante-quatre ans.

Nicolas Fouquet Surnommé «l'Ecureuil», le surintendant des Finances (de 1653 à 1661) fait vivre l'Etat en s'appuyant sur les financiers. Protecteur des lettres et des arts, il trône dans son somptueux château de **Vaux-le-Vicomte** en donnant des fêtes qui font ombrage au roi. **La Fontaine** et **la marquise de Sévigné**, **Le Brun**, le peintre adulé, **Le Vau** et **Le Nôtre**, les brillants architectes, célébreront sa gloire. Après sa chute, certains le soutiendront.

Jean-Baptiste Colbert (1619-1683), alias «la Couleuvre», profite de la reprise en main du royaume par Louis XIV. Il convainc le roi d'arrêter Fouquet (1661) et de disgracier ses partisans ou de les exiler. Colbert peut alors réorganiser l'administration et veiller sur les artistes en les mettant aux ordres : leur rôle consiste désormais à répandre ou à maintenir la «gloire de Sa Majesté», faute de quoi les pensions sont supprimées et les carrières ruinées.

Ces trois schémas de la citadelle de **Belle-Ile** (France) reprennent le plan de **Vauban** et l'évolution des travaux de fortification en 1683.

L'œuvre de Vauban

Le règne de Louis XIV est scandé par les guerres. Victorieuses, dans un premier temps, catastrophiques, à partir de 1700. En 1661, l'Artois, l'Alsace, le Roussillon sont rattachés à la Couronne et l'Europe admet la prépondérance française. Profitant de la faiblesse espagnole, Louis XIV, avec Turenne et Louvois, entre en Flandres, défait les Hollandais de Guillaume d'Orange (1668), s'empare de la Franche-Comté (1679) et oppose aux marines hollandaise, espagnole et anglaise des escadres puissamment armées grâce à la détermination de Colbert. A l'apogée de son règne, en 1684, le roi ne sait pas faire preuve de prudence et de modération : l'Europe tout entière, répondant à ses provocations, se ligue contre la France.

Coupe d'un vaisseau de guerre équipé de deux étages de canons (XVIIe siècle).

Pour la défense du territoire conquis, Vauban, constamment soutenu par son roi, adapte à l'environnement géographique, au relief, aux nécessités tactiques, l'idée de fortification bastionnée ; il détache les bastions de l'enceinte fortifiée, double la puissance de feu des forteresses et devient l'architecte militaire sans rival entre 1667 et 1703. La légende dit de lui qu'il sait prendre les villes et les rendre invulnérables.

Belle-Ile
La citadelle de Belle-Ile (ci-contre) est un exemple superbe du travail de Vauban. A l'époque de la marine à voile, la position stratégique de Belle-Ile était capitale : c'est en effet un véritable réservoir d'eau douce, situé loin des côtes, à mi-chemin des **îles Britanniques** et de la **péninsule Ibérique**. A partir du XVIe siècle, les attaques des pays protestants deviennent incessantes. En 1573, les Anglais, battus par **Richelieu** au siège de **La Rochelle**, pillent l'île à leur retour. En 1674, 100 vaisseaux hollandais sont repoussés et la citadelle tient bon.

Le maréchal Vauban (1633-1707) a construit trente-trois places fortes, en a aménagé près de trois cents et a dirigé plus de cinquante sièges. A cette époque, la conduite des sièges et la construction des places fortes forment sans doute la partie la plus importante de l'art de la guerre.

En 1696, une escadre anglaise subit un tir d'une si grande violence qu'elle doit renoncer à son projet de débarquement ; en 1703, 7 000 Anglo-Hollandais sont tenus à distance : c'est dire l'efficacité du nouveau système de défense !

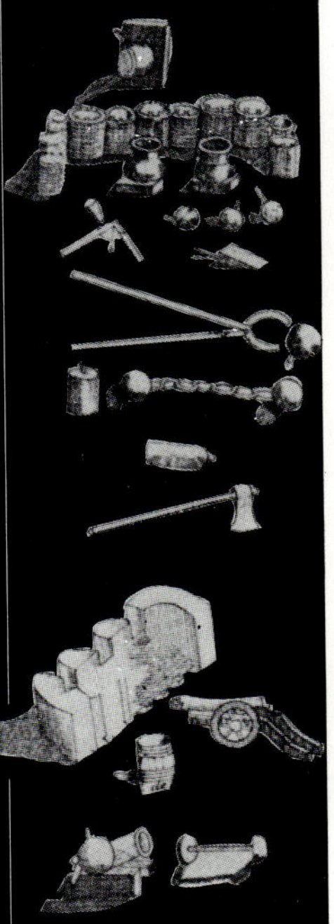

En fait, il faudra attendre 1761 pour voir la citadelle aux mains des Anglais après un siège de trente-huit jours. Deux ans plus tard, la France récupère Belle-Ile en l'échangeant contre **Minorque**.

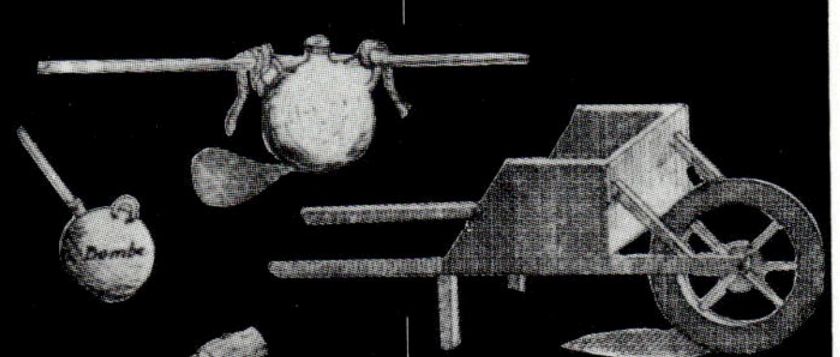

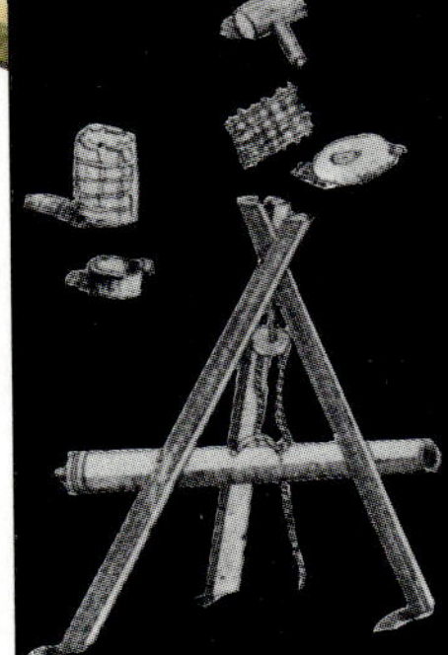

Les illustrations, ici représentées, figurent les pièces d'artillerie qui constituent la défense d'une place forte imaginée par Vauban et commentée dans de nombreux mémoires qui sont autant de conseils pour le roi et pour ses généraux.

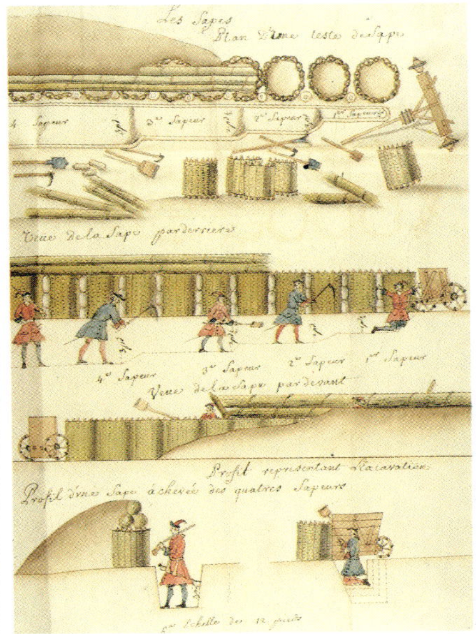

«La mine qui joue»
Les planches de **sapes** et leur commentaire tiennent une place importante dans le «Mémoire pour servir d'instruction dans la conduite des sièges» écrit par Vauban. Les sapes sont les travaux peu à peu, seront aussi chargés de l'édification des ponts et de toutes sortes d'ouvrages. Dans le «Traité de l'attaque et de la défense des places» (1739), au chapitre intitulé «La mine qui joue», Vauban définit

que l'on réalise sous terre pour franchir un fossé. Des marches taillées jusqu'au bas du fossé permettent de s'enfoncer dans la terre. Le terme de sapeur désigne donc les soldats-terrassiers qui, la mine comme une tranchée souterraine creusée sous la muraille ennemie et où l'on enferme de la poudre. L'ouvrage explose lorsqu'on fait «jouer la mine», c'est-à-dire lorsqu'on y met le feu.

Les armes de l'Europe

De l'arquebuse au fusil à pierre
Il faut vingt-trois gestes et huit à dix minutes pour armer un **mousquet à mèche** (au lieu de quarante-deux gestes pour l'**arquebuse** qui équipait l'armée française avant 1567). Son poids nécessite qu'on le pose pour tirer sur une petite fourche, la **fourquine** et, en campagne, il est porté par un valet. Peu à peu, on arrive à alléger cette arme à gros calibre jusqu'à ce qu'elle soit remplacée par le **fusil**, plus léger, d'un maniement plus facile et moins sensible aux intempéries puisqu'il fonctionne sans mèche. Le soldat doit porter en bandoulière des tubes contenant des charges de poudre – un mousquetaire doit posséder de bonnes dents car elles lui servent à déchirer ces enveloppes –, un sac à balles, la poire à poudre et le **pulvérin** (petite poire pour remplir l'arme à feu). La **giberne** (petite boîte dans laquelle on met les cartouches) et les cartouches ne sont adoptées qu'au début du XVIIIe siècle ; auparavant la poudre était conservée dans les poches de l'habit. Pour couronner le tout, le tir est fort dangereux et il n'est pas rare qu'une arme explose au visage du tireur, en particulier lorsqu'il a utilisé trop de poudre. Un grand débat oppose, dans les années 1670-1680, les partisans de la pique et du mousquet aux partisans du fusil.

Les Turcs à Vienne
A la fin du XVIIe siècle, l'**Empire ottoman**, qui s'étend des confins algéro-marocains à la **Mésopotamie** et de la plaine hongroise à l'**Arabie**, est en pleine décadence. Après un redressement inattendu entre 1672 et 1676, son dernier véritable coup d'éclat est le siège de **Vienne** (Autriche) – centre des Etats des Habsbourg – en 1683 (ci-contre). La ville est menacée par les troupes du grand vizir **Kara Mustafa**. Commandées par **Charles de Lorraine** (1643-1690), au service de l'Autriche, et par le roi de Pologne **Jean III Sobieski** (1629-1696) qui s'est porté à leur secours à la tête de 25 000 hommes, les forces austro-allemandes écrasent les Ottomans à la bataille du **Kahlenberg** et les forcent à refluer jusqu'à **Belgrade** (actuelle Yougoslavie). La défaite turque a un énorme retentissement dans toute l'Europe qui profite de ce repli pour s'organiser contre ses envahisseurs. Malgré la **France** qui voit d'un bon œil l'ouverture d'un second front avec l'**Autriche**, son ennemie, la **Russie** et la Pologne, les autres puissances poussent leur avantage et reconquièrent un terrain perdu depuis longtemps.

Si l'armée et la marine françaises restent les premières d'Europe, dans les années 1690, cette supériorité est peu à peu remise en question. Le carnage constant entraîné par la guerre pose le problème des effectifs et Louvois organise la milice, chargée de contraindre les paroisses à désigner parmi leurs habitants des hommes célibataires de vingt à trente ans. Malgré l'opposition des populations, les levées se généralisent. Les miliciens, d'abord utilisés pour la défense des places fortes en raison de leur faible valeur militaire, servent ensuite à renforcer les armées en campagne. De leur côté, les sergents recruteurs font leur travail et les mercenaires étrangers affluent toujours. En 1702, l'armée royale compte 380 000 hommes de valeur inégale. L'artillerie s'organise. Le mousquet et la pique sont définitivement remplacés en 1701-1702 par le fusil, complété par la baïonnette à douille mise au point par Vauban.

Mais tout cela ne suffit pas : les troupes impériales sont rompues au combat depuis leurs victoires contre les Turcs, l'Angleterre s'affirme comme puissance de premier plan, les coalisés sont en surnombre et les finances ne peuvent suivre. C'est une lutte épuisante pour tous les belligérants, et la France, plus que tout autre pays, est exsangue. L'heure n'est plus aux campagnes éclairs et les batailles de destruction sont de plus en plus rares. Pas plus que les Français, leurs adversaires ne savent tirer parti de l'augmentation de la puissance de feu due au fusil à tir rapide et aux effectifs de plus en plus nombreux. Grâce à la «stratégie des accessoires» – celle de la terre brûlée, de la lente occupation du terrain conquis et du siège des villes –, la France, bien protégée par la «frontière de fer» dont Vauban achève de ceinturer le royaume, échappe presque complètement à l'invasion, malgré des généraux-courtisans incapables ou fantasques.

Armures de parade des hussards polonais ornées de plumes d'aigle et de peaux de léopard. La Pologne du XVIIe siècle s'épuisera à jouer, pour l'Europe, face à l'ultime expansion de l'Empire ottoman, le rôle de «rempart de la chrétienté».

Les piquiers de l'armée impériale autrichienne, pour mieux résister à l'offensive adverse, immobilisent leurs armes dans les trous d'un rail. Les uniformes réglementaires apparaissent à cette époque.

Les effectifs de l'armée ont été multipliés par dix entre le début et la fin du XVIIe siècle. Il n'y a qu'un canon pour mille soldats. La cavalerie constitue un quart des effectifs contre trois quarts de fantassins. Loin de l'ennemi, encombrée de valets, marchands, vagabonds et prostituées, sans compter de nombreuses voitures pour les bagages personnels, l'armée est fractionnée en de nombreuses colonnes, et des arrière-gardes ramassent les traînards pour tenter de limiter les pillages malgré tout fort nombreux. Durant les combats, les troupes sont sur deux lignes et une de réserve : la cavalerie disposée aux ailes, l'infanterie au centre et l'artillerie répartie devant la ligne de front (ci-dessus une formation défensive de l'armée italienne).

Le chantier royal

Lorsque le roi et la cour arrivent pour s'installer à Versailles, le 6 mai 1682, ils évoluent, sous les échafaudages, au milieu des maçons, dans une totale confusion ! En faisant du relais de chasse de Louis XIII un somptueux palais pour y rassembler sa cour, ses ministres, ses maîtresses et ses artistes, Louis XIV veut mettre en scène sa grandeur.

Les transformations de Versailles Louis Le Vau, entre 1662 et 1670, fait construire autour du Château-Vieux édifié par **Louis XIII** une «enveloppe» de pierre, élargit la butte et assèche les marécages. André Le Nôtre trace pour Louis XIV (à droite) les axes des nouveaux jardins à travers la campagne.

Le Bernin à Paris Pour embellir et transformer le **Louvre** qui doit, selon Colbert, être la principale résidence du roi et se montrer digne de la grandeur du règne qui commence, le principal ministre de **Louis XIV** fait appel au **Bernin**, prestigieux architecte, peintre et sculpteur italien (1598-1680). A Rome, le Bernin est alors considéré comme l'artiste le plus éminent et d'une compétence quasi universelle : il termine les travaux de la **basilique Saint-Pierre** et crée l'immense colonnade qui ouvre la place vaticane (ci-dessus). Après plusieurs envois de projets, Louis XIV invite lui-même l'architecte en lui adressant une lettre flatteuse. Le Bernin est l'hôte du roi durant l'été 1665. Les mouvements d'humeur de l'artiste et le jeu feutré des courtisans font que l'affaire se passe fort mal. Le projet de colonnade baroque (ci-dessus, en haut) est refusé et le Bernin retourne à Rome chargé de cadeaux au grand soulagement de tous. Un buste de Louis XIV est tout ce qu'il laissa à Paris. Colbert préféra le projet de **Claude Perrault** et de **Le Vau** (ci-dessus) : le baroque italien cédait la place à la colonnade antique. Cependant, le roi, pour enfin fixer la cour, préfère **Versailles** et finit par convaincre Colbert d'ouvrir d'immenses crédits pour construire son palais. Mené avec une rigueur militaire, le chantier de plus de 36 000 artisans, jardiniers et ouvriers, durera quarante ans. Logement, approvisionnement, équipement, indemnisations diverses en cas d'accident, tout est calculé, et tout coûte fort cher : 30 à 40 livres pour une jambe, un bras ou une côte cassé, 60 pour un œil crevé, 60 à 100 livres versés à la veuve d'un ouvrier.

Hardouin-Mansart, entre 1678 et 1708, assisté de Le Brun, de Le Nôtre et d'une troupe d'artistes, transforme Versailles en palais : il fait édifier une colline, draine la région et installe à **Marly** une machine qui pompe l'eau de la Seine. La galerie des Glaces, face aux jardins, et l'aile des ministres datent aussi de cette période.

Chez eux, les orangers joints aux **cognassiers** donnent un fruit nouveau ; le **chrysanthème** est croisé avec l'**armoise** et le chêne est greffé sur le châtaignier.

L'ÉCOLE DE BOTANIQUE française est au XVIIe siècle la plus respectée d'Europe. Louis XIV porte autant d'attention à son jardin qu'à ses académies. On y classe les espèces, on y introduit le fraisier et les pensées, mais on y découvre aussi les végétaux exotiques que les voyageurs rapportent. Les **jésuites** parlent dans leurs lettres de l'art fabuleux des jardins chinois où tout est réduit et transformé.

Le roi est sur le point d'inviter les jardiniers chinois au palais

au moment où le pape contrarie la politique jésuite en Chine…

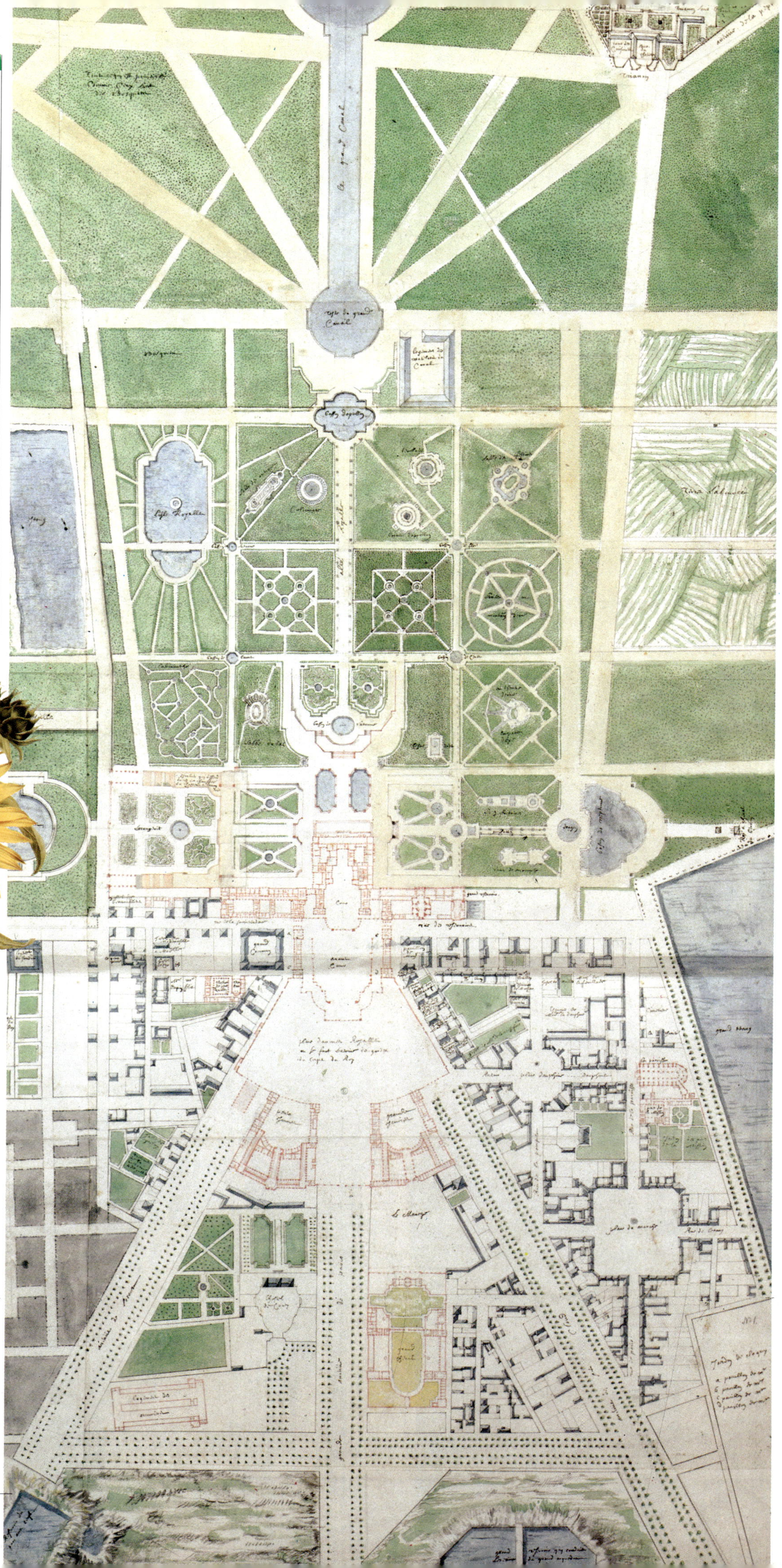

Jardins en fête

Le Nôtre dessine les jardins de Versailles où il n'est pas question de rêver mais de paraître.

La nature doit être disciplinée. Dans ce vaste parc ouvert, le regard du promeneur est guidé vers l'horizon à travers des paliers successifs. Les bosquets ont chacun leur esprit propre et assurent la variété de l'ensemble. Les statues reproduisent, au milieu des bassins symétriquement ordonnés, au confluent des allées bien tracées, sous les frondaisons taillées ou encore au sein d'un labyrinthe anguleux, les sujets mythologiques empruntés à l'univers des arts et des lettres. L'eau est captée, canalisée, retenue, puis projetée dans les airs en gerbes puissantes. Sur le Grand Canal, qui permet la navigation, toute la flotte française dont le roi et son ministre sont si fiers est représentée en miniature.

Les premières fêtes versaillaises se tiennent dans les jardins alors que le palais n'est pas encore terminé. Louis XIV écrit à son fils : «Un roi de France doit voir dans ces divertissements autre chose que de simples spectacles. Les peuples se plaisent au spectacle, où, au fond, on a toujours but de plaire. Par là, nous tenons leurs esprits et leurs cœurs quelquefois plus fortement que par la récompense et les bienfaits.» Jean-Baptiste Lully, directeur de l'Académie royale de musique, Molière, Pierre Corneille, Philippe Quinault composent, pour enrichir les festivités, des comédies-ballets et des divertissements auxquels s'ajoutent feux d'artifice et jeux d'eau : dès 1664, Versailles devient le lieu magique des fastes de la cour.

Sculptures végétales Pour domestiquer la nature et la rendre «belle», on taille les arbrisseaux et les ifs.

Une armée de jardiniers hiérarchiquement ordonnés et constitués en véritables bataillons, utilisant toutes sortes de sécateurs et d'échelles, s'applique à dégager des feuillages des silhouettes aux contours nets et précis, bien que parfois de curieuse apparence.

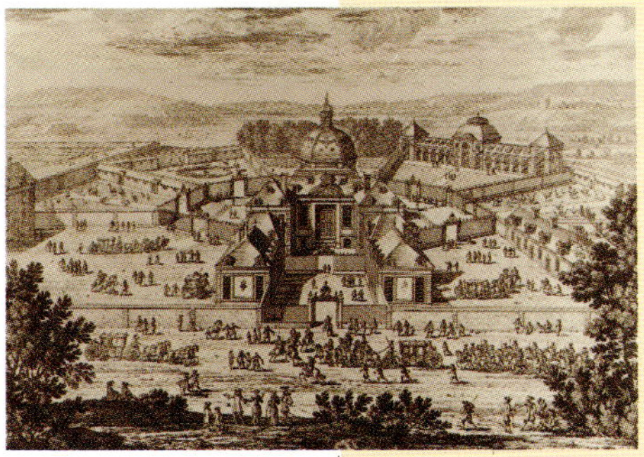

La ménagerie Un octogone chapeauté d'un dôme de même forme, huit cours destinées aux autruches, éléphants et gazelles, une laiterie, un chenil, un poulailler, la ménagerie de Versailles (ci-dessus) est l'émanation du goût du siècle pour l'exotisme et les sciences naturelles. Cette «**demoiselle de Turquie**», dessinée par **Nicolas Robert** pour les «Vélins du roi», est l'un des spécimens offerts aux ambassadeurs ou rapportés par de lointains voyageurs.

Jeux d'eau Lors de la somptueuse fête du 18 juillet 1668, les visiteurs peuvent admirer la nouvelle splendeur des jardins. Plans d'eau et fontaines sont installés : le buffet d'eau du bosquet du Marais (ci-dessus de coupe et de face) ; le bosquet de l'Etoile, appelé aussi la Montagne d'eau (ci-dessus) ; le bassin de l'Ovale, celui des Cygnes et le Rondeau étonnent et ravissent. La question de l'eau est pourtant loin d'être réglée : les réservoirs de **Montbauron** alimentent les fêtes avant d'être relayés par les réservoirs de l'aile du Nord. La machine de Marly, au mécanisme impressionnant, ne suffit pas et le roi entreprend la construction d'un canal dérivé de l'Eure qu'il devra abandonner tant les difficultés sont grandes : coût énorme en période de guerre, maladies et morts des ouvriers causées par le rude travail et l'air pestilentiel des marécages, difficultés d'installation. Il faudra donc ne faire donner les grandes eaux que pour les seuls moments où le roi les regarde !

Sur le Pont-Neuf, à Paris, construit au début de ce XVIIe siècle pour qu'on s'y promène, les marchands ambulants, les vendeurs de gazettes, les jongleurs, les danseurs tiennent le haut du pavé. Sur des tréteaux aménagés à la hâte, les farceurs font rire les foules avec des plaisanteries grossières et des histoires grotesques. Les badauds s'arrêtent, qu'ils soient personnes de qualité ou gens du peuple, et commentent en regardant du coin de l'œil le duel qui se déroule à quelques mètres de là.

Le Grand Siècle

Le métier d'écrivain devient plus respectable, et l'on peut à présent faire carrière sans dépendre aussi étroitement qu'avant de multiples mécènes. Le souverain et ses ministres, décidés à mener une politique de prestige, commandent, jugent et protègent leurs auteurs. Le roi aime avant tout les spectacles brillants, en particulier la musique et l'opéra. A Versailles, au début de son règne, il participe lui-même aux ballets, somptueusement travesti. A Paris, deux, puis trois théâtres jouent des tragédies, des comédies ou des tragi-comédies qui enthousiasment le public.

Pierre Corneille et Jean Racine sont les deux grands auteurs tragiques du XVIIe siècle, celui-là dominant le genre dans la première moitié du siècle, celui-ci prenant son relais. Corneille (ci-contre, 1606-1684) exalte l'honneur, la gloire, le héros et sa conduite politique, et, dans ses dernières œuvres, il s'inquiète des affrontements des hommes pour parvenir aux premiers rangs de la société. Racine (à gauche, 1639-1699) estime qu'il n'est pas possible de fuir les passions et qu'on ne peut qu'y succomber : le destin de l'homme

est de céder et d'en souffrir. Venu de **Rouen** pour faire carrière, Corneille connaît rapidement un grand succès à Paris, sous Louis XIII et Richelieu. Les tragédies qu'il produira sous Louis XIV seront moins appréciées. Racine atteint les sommets de sa réussite en devenant, après ses succès dans la tragédie, historiographe du roi et en collaborant, avec **Nicolas Boileau**, à l'histoire du Roi-Soleil.

Moliere – de son vrai nom **Jean-Baptiste Poquelin** (1622-1673) –, avec sa voix sourde, son «hoquet» régulier qui frise le bégaiement, le jeu qu'il fait avec ses gros sourcils noirs, ses contorsions, sa récitation de profil, la hanche en avant, est le bon élève des farceurs du Pont-Neuf et des comédiens italiens, ses voisins de théâtre. Molière est le poète de troupe, le comédien devenu auteur qui ose prendre le risque de s'attaquer à la préciosité, à la fausse dévotion, à l'hypocrisie, et à la cupidité qui règnent dans certains groupes très puissants de la société monarchique, pour faire rire et réfléchir le spectateur.

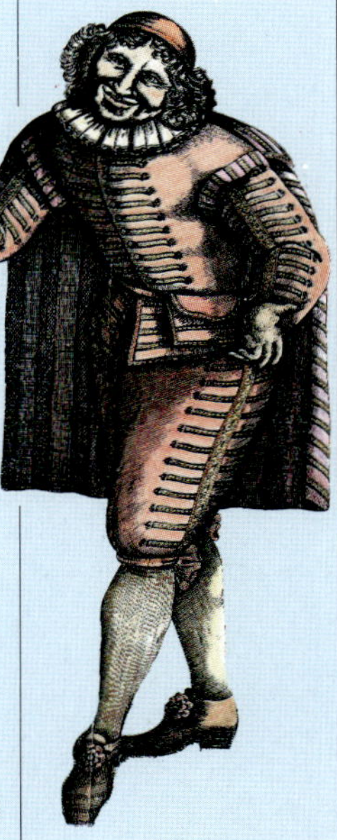

Molière est surtout son personnage, **Sganarelle**, un raisonneur rusé et naïf, irrésistiblement drôle et profond.

Dans les théâtres bruyants, mal éclairés, enfumés par les chandelles, bondés de spectateurs debout à l'orchestre, on se divertit beaucoup. La comédie du XVIIe siècle doit autant à la farce qu'à la comédie italienne ou «commedia dell'arte». Les personnages sont aisément reconnaissables à leurs masques ou leurs costumes, les jeux de scène doivent déclencher immédiatement le rire. Arlequin, le valet, Polichinelle et Pantalon, les vieux ridicules, Matamore, le soldat fanfaron, Jodelet et Gros-Guillaume, les farceurs français, attirent les foules. Après avoir joué sur les mêmes ressorts comiques, Jean-Baptiste Poquelin, alias Molière, dépassera la farce pour créer la grande comédie qui sait se moquer de tout en cherchant la vérité. Pour lui, la société est un théâtre, une bouffonnerie mensongère, et dire la vérité, un risque à prendre pour le plus grand bonheur du spectateur.

Jean-Baptiste Lully (1632-1687) ravit Louis XIV par sa musique, ses spectacles somptueux et ses bons mots. Fort de cette amitié, il en profite et se taille un véritable empire dans la musique : tout auteur de «théâtre musical» doit en passer par lui. En professionnel génial, il adapte le genre italien au goût français et ajoute à la tragédie classique et équilibrée une musique majestueuse. A partir de 1672, brouillé avec Molière, il produit tous les ans une tragédie lyrique – genre musical nouveau créé par lui – sur des paroles du poète **Philippe Quinault** et affiche avec éclat une vie privée scandaleuse. Sa disgrâce lui viendra de **Mme de Maintenon** qui, à la mort de la reine et de Colbert, convainc le roi de se détourner des spectacles pour se rapprocher de la religion.

«L'AFFAIRE DES POISONS» mit en émoi tout Paris de 1666 à 1682. La **marquise de Brinvilliers** avait en effet révélé, sous la torture, que bien des grands noms avaient utilisé ses «poudres de succession». Jusqu'à **la Montespan** (ci-dessus), maîtresse du roi, soupçonnée d'avoir voulu se débarrasser de sa rivale, **la Fontanges**, et d'avoir participé à des messes noires. Les puissants personnages impliqués dans cette affaire furent épargnés. On condamna à mort 36 personnes moins en vue dont la Brinvilliers. On apprit aussi que **la Voisin**, sorcière bien connue, fournissait tout Paris en poudres diverses : elle échappa à la torture car on craignait qu'elle n'en dise trop, mais fut décapitée et brûlée (ci-dessous dessinée par Le Brun sur le trajet du supplice). C'est d'un véritable phénomène collectif qu'il fut question, et la Voisin était l'un des chaînons d'une sorte de mafia qui étendait ses ramifications des bas-fonds de Paris à la cour du roi.

Les «poudres de succession»

L'arsenic, la bave de crapaud et bien d'autres ingrédients circulent à la cour comme en ville. On croit au pouvoir de la sorcellerie ; on recourt aux messes noires, aux philtres magiques, aux sortilèges et autres maléfices pour nuire ou pour séduire... «Une grande chaîne de personnes de toutes conditions» participe à des parodies de culte en invoquant Belzébuth. Parfois, arrive le scandale, vite maîtrisé par la police royale qui protège son souverain et ceux qui l'entourent.

Devineresses et apothicaires, magiciens et chimistes, tous sont réputés fournir à leurs clients d'étranges préparations aux effets divers, allant du philtre d'amour au poison «assuré» ou «subtil». Un édit de 1682 réglementera la fabrication et la vente des poisons nécessaires à l'industrie et à la médecine.

Pavot, camphre, mélisse, «poudre de momie» entrent dans la composition des poisons aussi bien que des remèdes.

Sciences et arts

A la ville, on converse dans les salons et les académies officielles ou particulières. Mais l'intérêt des «honnêtes gens» (ce terme désigne, au XVIIe siècle, les personnes distinguées et cultivées) ne se limite pas aux futilités et aux jeux poétiques : la philosophie et les sciences passionnent aussi. Roi, princes, ministres et bientôt grands bourgeois, chacun se doit de posséder chez soi un «cabinet de curiosités» dans lequel il expose tableaux, raretés exotiques, coquillages précieux, mappemondes ou autres objets scientifiques. Lieu de réflexion, mais par lequel il s'agit aussi de marquer sa place dans l'échelle sociale, le cabinet devient l'endroit où l'on reçoit ses relations pour commenter l'actualité des sciences et des arts. De son côté, le roi, toujours désireux d'accroître son prestige, s'attache les artistes et les savants en créant des lieux de travail et de pouvoir : l'Académie royale des sciences (1666), l'Observatoire de Paris (1667) et l'Académie royale de musique (1669) viennent s'ajouter à l'Académie française (1634) et à l'Académie royale de peinture et de sculpture (1655) fondées auparavant.

A la seconde chambre des appartements de Versailles (ci-dessus), on joue beaucoup, et pour de l'argent. Les cartes sont à la mode.

Correspondances
La poste devient plus fiable et l'on correspond plus facilement. Le sud de la France est informé en 5 jours des nouvelles de la capitale. Grand progrès ! Les lettres viennent compléter les journaux censurés par le pouvoir et apporter au loin l'écho des conversations mondaines. C'est ainsi que Mme de Sévigné (ci-contre) nourrit régulièrement sa fille, **Mme de Grignan**, des nouvelles de Versailles et de Paris. L'histoire de tous les jours (solitude, tristesse, deuils, haines, mais aussi représentations théâtrales, modes et voyages) se lit en Provence, dans un style plein de spontanéité, à la fois brillant et proche du langage parlé.

L'époque des contes
A la fin du XVIIe siècle, la fable laisse place au conte, et **La Fontaine** à **Charles Perrault**. «Petit Poucet», «Chat Botté» et autres rats croqués vivants enthousiasment tous les publics.

«On voit ici que de jeunes enfants, Surtout de jeunes filles Belles, bien faites, et gentilles, Font très mal d'écouter toutes sortes de gens [...].» (Perrault, «Le Petit Chaperon rouge»). Ces deux «Contes de ma mère l'Oye» (1697), ici illustrés par **Gustave Doré** au XIXe siècle, viennent distraire les lecteurs qui ont l'heureuse surprise de retomber, un moment, en enfance.
Dans ses récits issus de la tradition populaire, Perrault insère les préoccupations de son temps : violence, argent, amours interdites. Ces contes mis en vers ne sont donc pas uniquement destinés aux enfants !

L'ART CULINAIRE
Les cuisines sont de mieux en mieux organisées (ci-dessous), les plats sont de plus en plus élaborés et leur présentation, particulièrement soignée.

Au XVIe siècle, François Ier lançait la mode de l'assiette et Henri III celle de la fourchette. Au XVIIe siècle, d'autres nouveautés s'imposent sur les tables raffinées : le couteau à bout rond, le coquetier, la louche à potage, l'usage du couvert individuel et les assiettes décorées. Il n'est pas interdit de se servir de la viande avec les mains, à condition de prendre soin de s'essuyer ensuite les doigts dans le pain ou avec une serviette... Peu à peu, une certaine civilité est de mise à table, les habitudes changent, on ne se conduit plus comme un rustre, et l'on fait attention à ses voisins.

LE GOUT
Pour représenter le goût, **Abraham Bosse** peint (ci-dessous) l'atmosphère raffinée d'une table où trône un artichaut, mets rare et à la mode depuis le XVIe siècle, servi sur un réchaud.

Les personnages se délectent du bout des doigts et d'une seule main. L'autre main ne quitte pas la serviette, autre preuve de la délicatesse et de la civilité des convives. En effet, la serviette doit être étendue sur les habits et ne plus servir qu'à essuyer la bouche, les doigts, le couteau, la cuiller et la fourchette, mais les vieilles habitudes consistant à s'essuyer le visage, à l'utiliser pour se moucher ou à récurer l'assiette ou le plat n'ont pas totalement disparu. Les verres et les bouteilles ne sont pas placés sur la table : le valet sert à boire lorsqu'on le lui ordonne.

Les viandes en croûte, les volailles comme le paon, très appréciées, sont mises en scène, les rôtis sont placés au centre de la table, et admirés avant d'être dépecés : les dîneurs n'assistent plus rangés en ligne comme au Moyen Age, à ces représentations de plats placés loin d'eux, mais jouissent du spectacle de la nourriture toute proche.

L'Europe du Nord

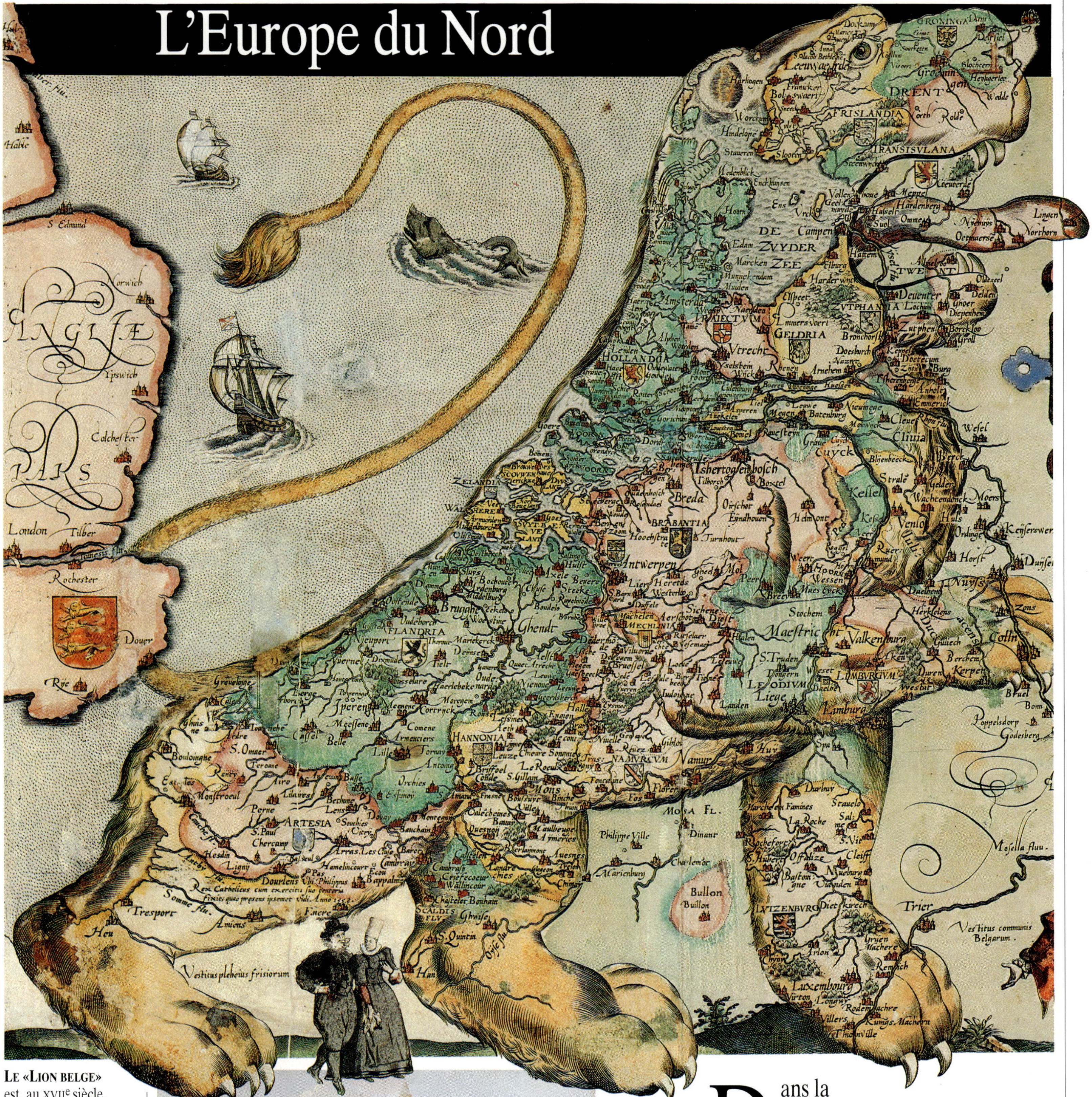

Le «Lion belge» est, au XVIIe siècle, coupé en deux : au sud, les «**Pays-Bas espagnols**» – les dix provinces catholiques restées fidèles à l'Espagne ; au nord, les sept «**Provinces-Unies**», calvinistes – dont la **Hollande** (ci-contre, **Amsterdam**), la plus riche et la plus peuplée. La famille **Orange-Nassau** fournit le **stadhouder**, chef de la flotte et de l'armée.

Dans la seconde moitié du XVIIe siècle, l'Europe du Nord, protestante et marchande, domine les mers et le commerce mondial. Les minuscules Provinces-Unies, au nord des Pays-Bas, (1,5 million d'habitants) résistent à Louis XIV et rivalisent avec l'Angleterre, qui l'emportera définitivement au siècle suivant. La Suède se lance, avec Charles XII, à l'assaut de l'immense Russie.

LA PESTE DE LONDRES En 1722, l'auteur de «La Vie et les Aventures de Robinson Crusoé», **Daniel Defoe** (1660-1731), écrit le «Journal de l'année de la peste». Le récit est célèbre, bien que tardif et rédigé par un écrivain qui était encore enfant à l'époque du fléau. Il donne la parole

à un patron sellier de la Cité. «Il y avait des ordres stricts d'empêcher le public de venir près [des] fosses, pour prévenir l'infection, et ces ordres devinrent bientôt plus nécessaires encore, car des personnes infectées, touchant à leur fin et dans le délire, couraient là enveloppées de couvertures, pour s'y jeter et s'y enterrer elles-mêmes, comme elles disaient. Des traits de ce genre peuvent donner peut-être une idée des terreurs de ces jours-là. [...] C'était très, très, très affreux, plus affreux qu'aucune langue ne peut l'exprimer. Ceci met hors de doute, pour moi, que la calamité se propageait par infection, c'est-à-dire par certaines vapeurs, que les médecins appellent effluves, dans l'air expiré, ou dans la sueur, ou dans la puanteur des plaies des malades [...]. J'en donnerai des exemples convaincants et je ne puis que m'émerveiller [m'étonner] d'entendre, maintenant que l'épidémie est terminée, des gens dire que c'était un fléau envoyé d'En Haut sans intervention d'agents naturels, avec mission de frapper telle ou telle personne en particulier, et point d'autre. Mais quand je parle de la peste comme d'une maladie ayant ses causes naturelles, [...] elle n'en était pas moins un jugement de Dieu [...] sans qu'il soit nécessaire d'en faire un miracle...»

MEMENTO MORI

LONDON'S Dreadful Visitation:
Or, A COLLECTION of All the
Bills of Mortality
For this Present Year:
Beginning the 27th of December 1664. and ending the 19th. of December following:
As also, The GENERAL or whole years BILL:
According to the Report made to the KING's Most Excellent Majesty,
By the Company of Parish-Clerks of London. &c

LONDON:
Printed and are to be sold by E. Cotes living in Aldersgate-street. Printer to the said Company 1665.

Londres en feu

En 1500, Londres compte 50 000 habitants, beaucoup moins que Paris. Cent ans plus tard, avec 200 000 habitants, elle a presque rattrapé la capitale française, qui en compte 220 000. En 1700, avec 575 000 habitants, Londres, qui concentre 11,5 % de la population anglaise, est devenue la première ville d'Europe.

LE GRAND INCENDIE, parti d'une boulangerie dans **Pudding Lane**, dévore Londres, déjà bouleversée par les horreurs de la peste, pendant quatre jours.

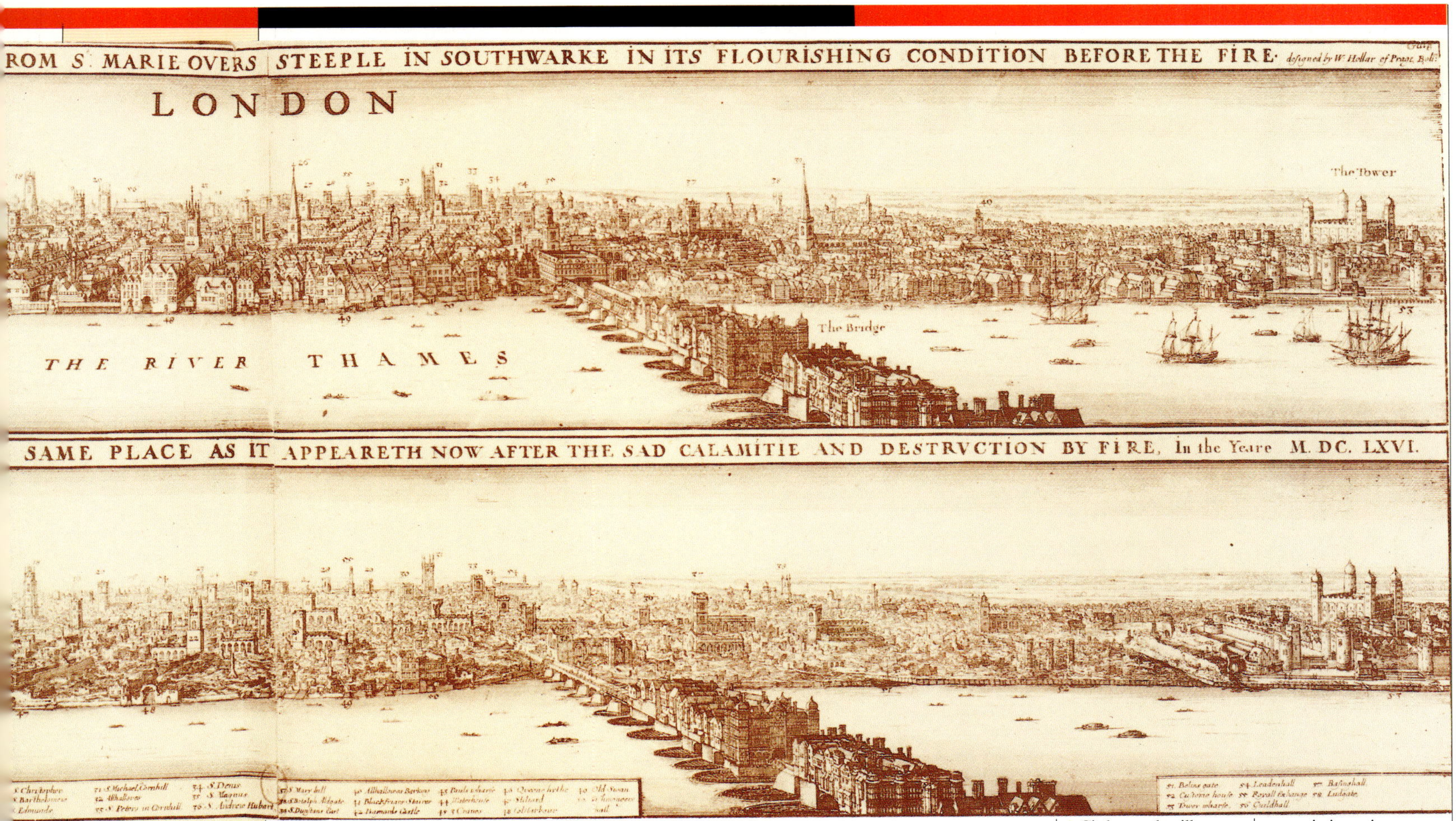

Sur cette ville en expansion foudroyante vont s'abattre, au même moment, deux catastrophes : la peste de 1665-1666 et le grand incendie de septembre 1666.

La peste londonienne n'est nullement un accident isolé : l'Europe subit de grandes épidémies de peste tout au long du XVIIe siècle et au début du XVIIIe siècle. On ignore encore qu'elle est transmise par piqûre de puce et non par contact humain. On cherche à s'en protéger en implorant Dieu par des prières, des processions, des pèlerinages, des dons et des constructions pieuses, en isolant les malades, voire les villes et les régions, en désinfectant ce que ceux-ci ont touché, ou en fuyant. La peste tue à Londres 16 % de la population, contre 45 % à Bologne en 1630 et 50 % à Marseille en 1720-1721.

Si la peste décime les hommes, un incendie peut assainir une ville et fournir l'occasion de l'embellir : celui de 1666 entraîna la rénovation de Londres et la reconstruction de la cathédrale Saint-Paul. Les chiffres sont éloquents : malgré les larmes et les ravages, les deux fléaux qui ont tant impressionné leurs contemporains n'ont pas réussi à vraiment ralentir l'essor triomphal de la capitale anglaise.

Les trois cinquièmes de la ville partent en fumée. Un tel accident n'a rien de surprenant dans une ville principalement bâtie en bois, où souffle un fort vent d'est. Mais les esprits exaltés accusent les **anabaptistes** (secte issue de la Réforme), les catholiques ou les étrangers. Résultat : plus de 13 000 maisons, 89 églises, d'immenses entrepôts de marchandises en cendres. En revanche, la santé publique se trouve plutôt bien de la destruction de la ville médiévale : le feu a annihilé la peste en brûlant les puces, responsables de sa propagation.

Ci-dessus, la ville médiévale et ses ruines.

RECONSTRUCTION
L'incendie avait détruit Londres en quatre jours et quatre nuits. Il faudra six ans pour reconstruire la première ville d'Europe : maisons à façades de brique, églises en pierre, prisons, sièges commerciaux, entrepôts, rues élargies, marchés spacieux, quais de la **Tamise**… En 1672, à part la cathédrale **Saint-Paul** (ci-dessus) et les clochers de plusieurs églises, l'essentiel du tissu urbain est reconstitué. On a certes éliminé le bois, mais non le plan médiéval de la ville. En effet, bien qu'une commission mixte – royale et municipale – ait supervisé et encadré les travaux, on n'a pas pu se lancer dans une rénovation radicale de la ville.

UNE NOUVELLE CATHÉDRALE
La reconstruction de Saint-Paul ne commença qu'en 1673, sous la direction de **Christopher Wren**, et dura trente-cinq ans. C'est la cathédrale la plus vaste du monde chrétien après **Saint-Pierre de Rome**.

La Bourse d'Amsterdam
Au XVIIe siècle, Amsterdam est l'une des grandes métropoles européennes : 105 000 habitants en 1602, environ 200 000 à la fin du siècle. Sa prospérité, acquise au détriment d'**Anvers**, repose sur le commerce du bois, des céréales, du hareng de la Baltique (on dit d'Amsterdam qu'elle est bâtie sur des caques de harengs !), des épices, des fruits et des objets orientaux, ainsi que sur la construction navale. Supplantée au XVIIIe siècle par Londres, Amsterdam reste pourtant la principale place financière d'Europe. On y spécule fiévreusement. La Bourse d'Amsterdam est un lieu symbolique de la société hollandaise, dans laquelle la riche bourgeoisie urbaine – et non la noblesse – tient le haut du pavé.

La flotte de pêche au hareng, basée notamment à **Rotterdam** (ci-dessus), comprend cinq cents bateaux spécialisés, dotés d'équipages salariés de vingt hommes ; 80 % du produit de la pêche est exporté.

En route vers les épices
Un voilier part de Londres vers l'Extrême-Orient… Il vogue vers **Cadix**, **Madère**, les îles du **Cap-Vert**. A partir de là, deux routes s'offrent à lui : la plus longue file à l'ouest vers le **Brésil** puis, au-dessus de **Rio de Janeiro** ou de **Buenos Aires**, oblique vers l'Afrique. L'autre, plus directe, pique au sud, doublant les îles de l'**Ascension** et de **Sainte-Hélène**. **Le Cap** (Afrique du Sud), fondée par les Hollandais en 1652, est la grande escale.

La route des Indes

Au XVIIe siècle, les compagnies de commerce créées en Hollande, en Angleterre, en France, au Danemark ou en Suède monopolisent et animent les échanges lointains tout en favorisant la colonisation. La Compagnie hollandaise des Indes orientales, dont les navires arborent le sigle V.O.C. – ses initiales en néerlandais –, est fondée en 1602 (l'East India Company anglaise date de 1600). La V.O.C. a le droit de traiter avec les rois indigènes, de construire des forteresses, d'armer des soldats, de battre monnaie, de rendre la justice… Elle est à la tête d'une flotte de commerce et de guerre et dirige des comptoirs sur la route d'Orient. Son représentant à Batavia (Jakarta), dans l'île de Java, dispose d'un pouvoir considérable. Les Hollandais tirent des bénéfices énormes des produits orientaux ramenés par leur Compagnie des Indes et diffusés dans toute l'Europe. Selon leurs propres termes : «Ce n'est pas le port qui fait le négoce ; c'est le négoce qui fait les ports».

Après Le Cap, la route des Indes passe soit à l'ouest, soit à l'est de **Madagascar**. A l'ouest, l'itinéraire emprunte le canal de **Mozambique**, double les **Comores** et touche l'Inde à **Goa** ; à l'est, la «Grande Route», la plus fréquentée, évite largement Madagascar – les Français, eux, s'arrêtent dans les **Mascareignes** : **île de France** (actuelle île Maurice) et **île Bourbon** (la Réunion). On gagne la **mer de Chine** par le détroit de **Malacca** ou le détroit de la **Sonde** au large de **Batavia**.

Les Hollandais s'emparent dès 1607 des **Moluques**, position stratégique dans le commerce des épices (gingembre, cannelle, girofle, muscadé, poivre). En allant chercher directement les épices en Asie, ils ruinent les Vénitiens, qui les achetaient bien plus cher aux marchands arabes. Ils réalisent également des profits considérables en vendant, par millions, des porcelaines chinoises et japonaises.

Cargaisons d'époque
En 1983, le capitaine **Michael Hatcher**, spécialiste mondial du renflouage d'épave, récupère en mer de Chine un bateau bourré de porcelaines chinoises, coulé dans les années 1640 avant d'atteindre les entrepôts hollandais de Batavia. Au moins 23 000 pièces sont ainsi jetées d'un coup sur le marché des antiquités.

En 1985, un autre bateau livre à Hatcher plus de 10 000 pièces !

Scènes d'intérieur

«Cour intérieure d'une maison», de **Pieter de Hooch** (1629-1684). En bas, «La Dentellière» de **Vermeer de Delft** (1632-1675).

«Les rues sont d'une propreté si extraordinaire que les personnes de toutes conditions n'ont aucun scrupule à s'y promener et semblent même s'en faire un plaisir», écrit, émerveillé, un voyageur anglais en Hollande ; ou encore : «Les rues sont pavées de briques et sont aussi propres que le plancher d'une chambre.» Chaque matin, la ménagère lave le seuil de la maison et l'entrée. L'après-midi du lundi et du mardi, on astique salons et chambres à coucher. Le mercredi est consacré au nettoyage de toute la maison ; jeudi, récurage et frottage ; vendredi, cuisine et cellier ; pas de jour sans lessive, de repas sans vaisselle. Et gare à la ménagère qui plie ses draps en confondant la tête et les pieds ! Ne pas laver le pavé de la rue est considéré comme une forme de délinquance, un manquement au patriotisme que la justice peut sanctionner.

La faïence de Delft
La Hollande ne se contente pas d'importer des porcelaines d'Orient. Elle fabrique aussi ses faïences (ci-dessous, tulipière et vase de Delft de la fin du XVIIe siècle).

Faïence et carrelage de Delft ornent presque systématiquement les demeures quelque peu aisées. Comme les meubles coûtent moins cher qu'ailleurs, les maisons hollandaises, impeccablement entretenues et abondamment pourvues en linge, apparaissent, par comparaison, fort cossues dans l'Europe du XVIIe siècle.

Johannes Vermeer est de nos jours considéré comme l'un des plus grands peintres européens, notamment en raison de la fameuse lumière qui baigne ses tableaux. On retrouve chez lui, comme chez De Hooch, le pavé impeccable, la stricte organisation du travail ménager et l'étroite correspondance entre l'intérieur domestique et le voisinage : femme sur le seuil, rue, passages, toits des maisons.

Prospérité
Dans une Europe en état de famine chronique, traversée de violentes émeutes alimentaires, la Hollande fait figure d'heureuse exception. **Voltaire** s'extasiera, au début du XVIIIe siècle, de n'y rencontrer aucun mendiant, ce en quoi il exagérera un peu. Mais il est vrai que les salaires augmentent, à partir de 1650, alors qu'ils baissent ailleurs. «La Laitière» de Vermeer n'est donc pas totalement idéalisée.

L'ÉTRANGE HISTOIRE DE LA TULIPE
Arrivée de Turquie à la fin du XVIe siècle (le mot «tulipe» vient du turc «tolipend», qui signifie «turban»), elle finit par symboliser la Hollande ! Cette plante exotique, mais peu exigeante sur la nature du sol, déchaîne même les passions et provoque des fièvres spéculatives. En effet, une fantastique tulipomanie se répand en Hollande, notamment en 1636 et 1637, et stupéfie les contemporains : se passionner pour les diamants, les chevaux arabes, passe, mais les tulipes ! Or, on spécule sur le bulbe de tulipe justement parce que va cesser d'être un objet rare et exotique pour devenir une marchandise accessible au plus grand nombre. Une tulipe est l'héroïne d'un célèbre roman d'**Alexandre Dumas**, «La Tulipe noire», dont l'action, sous **Guillaume III**, mêle la politique et l'amour à la passion fanatique des tulipes. Horticulteur acharné, **Cornélius Van Baerle** risque de perdre sa liberté, sa fortune et surtout son invention, la tulipe noire.

Gagner sur la mer

Comment faire de la terre avec de l'eau ? Au long des siècles, paysans, ingénieurs et agronomes hollandais s'attachent à résoudre ce problème. Le «plat pays», avec ses digues, ses canaux, ses moulins à vent et ses champs de tulipes, est l'œuvre de leur immense travail et de leur intelligence. La technique hollandaise des polders – marais littoraux asséchés – s'exporte dès le XVIIe siècle. En 1672, les Hollandais paralysent les armées de Louis XIV en ouvrant leurs écluses.

L'hiver, en figeant les eaux, ramène les joies collectives des jeux de glace (ci-dessus).

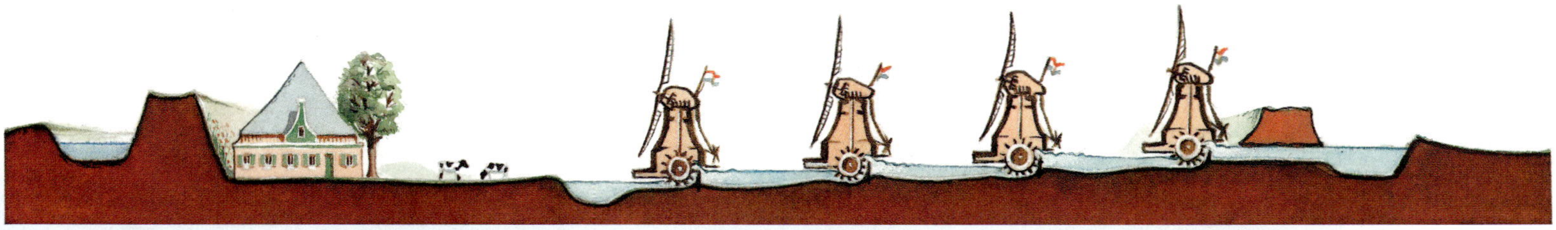

CONSTRUCTION D'UNE DIGUE Les anciennes digues étaient des sortes de quais assez bas constitués par des couches de gros blocs de rochers de différentes catégories dont le poids augmentait de l'intérieur de l'ouvrage vers l'extérieur.

L'EAU, ADVERSAIRE QUOTIDIEN, sournois et violent, oblige les Hollandais à pomper, canaliser, colmater en permanence.

L'endiguement, le drainage et la mise en valeur des **polders** sont, jusqu'au XIXe siècle, à la charge des propriétaires et exigent d'eux une entente constante.

La lutte contre l'eau est, au début, défensive. Les premières digues datent du IXe siècle. A partir du XVe siècle, le moulin à vent permet de contre-attaquer, c'est-à-dire d'assécher par pompage.

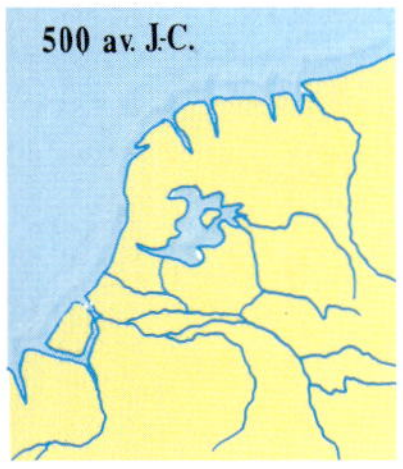

Les grands gains de terres se situent durant les XVIe et XVIIe siècles.

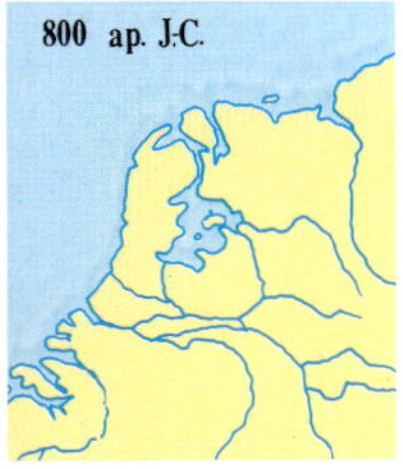

La pompe à vapeur, au XIXe siècle, relancera la conquête.

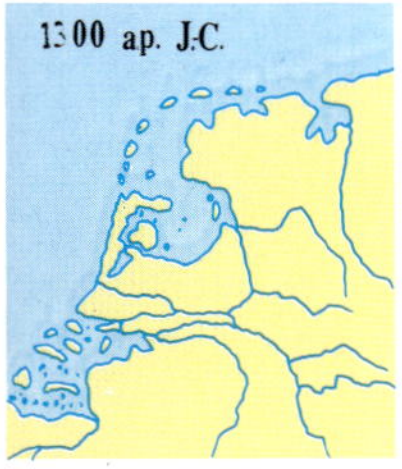

Mais il y a eu des catastrophes, par exemple en 1421 et en 1953.

Les cafés londoniens – «coffee houses» – sont tellement fréquentés au XVIIe siècle que le pouvoir royal songe à les interdire. Ils se sont surtout développés avec le retour de la monarchie (1660), qui a mis fin à la domination puritaine. Il ne faut pas confondre la taverne, populaire, et le café, réservé à une élite, qui sert autant à discuter et à lire la presse qu'à consommer.

L'Angleterre, île des libertés

Pour un Européen continental de la seconde moitié du XVIIe siècle, l'Angleterre est la terre des convulsions et des révolutions politiques. Elle n'a pas hésité à décapiter un roi – Charles Ier, en 1649 – et à en renverser un autre – Jacques II, en 1688. N'oublions pas que la personne des rois était généralement considérée comme sacrée. Fait alors inouï dans un grand Etat, l'Angleterre devient, entre 1649 et 1660, une république, dirigée d'une main de fer par Oliver Cromwell (1599-1658) et dominée par les protestants puritains. Charles II restaure la monarchie et tente de rétablir l'absolutisme (1660-1685). Mais son frère Jacques II, catholique fervent, est renversé par la Glorieuse Révolution qui établit en Angleterre une monarchie constitutionnelle, c'est-à-dire limitée.

La principale originalité du régime anglais est l'existence d'un parlement, sans l'avis duquel le roi ne doit pas lever d'impôts. D'où des mœurs politiques – presse d'opinion, liberté d'imprimer, réunions électorales, droits individuels garantis par la loi – inconcevables ailleurs, même si la réalité anglaise dément parfois les principes. Incontestablement, Hollande et Angleterre expérimentent, dès cette époque, certains grands principes du monde moderne : liberté politique et tolérance religieuse.

13
THE PROCTOR AND PARATOR their Mourning:
OR,
The lamentation of the Doctors Commons for their Downfall.
Being a true Dialogue,
Relating the fearfull abuses and exorbitancies of those spirituall Courts, under the names of Sponge the Proctor, and Hunter the Parator.
Printed in the yeare 1641.

Le café, breuvage d'origine orientale, apparu à Venise en 1615, à Paris en 1643 et, probablement, à Londres en 1651, subira, en Angleterre, au siècle suivant, la concurrence du thé. La rumeur publique lui attribue de nombreuses vertus thérapeutiques. Quoi qu'il en soit, dans les «coffee houses», il se boit entre gens de bonne compagnie et, surtout, entre hommes.

Le petit peuple de Londres, organisé en corps de métiers, fut un adversaire résolu du pouvoir monarchique.

La Glorieuse Révolution de 1688 établit une monarchie limitée : «Les Lords [...] et les Communes [...] déclarent [...]
1- Que le prétendu pouvoir de suspendre l'exécution des lois par l'autorité royale, sans le consentement du Parlement, est contraire aux lois [...]
4- Que toute levée d'argent [...] sans l'accord du Parlement, est contraire aux lois» (Déclaration des droits, 1689). Mais le roi conserve de larges pouvoirs : il peut refuser de signer une loi votée, choisir ses ministres, déclarer la guerre...

La Déclaration des droits de 1689, signée par le roi Guillaume III (1650-1702) et son épouse, Marie II Stuart, précise que «les élections des membres du Parlement doivent être libres…». Deux «partis» se disputent les suffrages des électeurs, en n'hésitant pas à pratiquer une corruption effrénée. Le peintre anglais William Hogarth (1697-1764) a caricaturé la façon dont on traînait au vote des électeurs avinés et achetés, qui juraient sur la Bible de voter selon leur conscience alors qu'ils suivaient les consignes des rabatteurs du candidat ! Le découpage des circonscriptions ne correspond souvent plus à la répartition de la population («bourgs pourris»). Il faut rappeler aussi qu'il est alors interdit aux catholiques d'accéder à toute fonction officielle. L'Angleterre, divisée en sectes rivales, reste fermement protestante.

UN ROI HOLLANDAIS À LONDRES
En devenant roi d'Angleterre aux côtés de son épouse **Marie II Stuart** (1662-1694), fille de **Jacques II** (1633-1701), Guillaume III de Nassau joua un très mauvais tour à son vieil ennemi **Louis XIV**. Maîtrisant mal la langue, peu populaire auprès des Anglais, il se partagea néanmoins entre ses deux pays, au point de devoir, lors d'un voyage entre Londres et les Pays-Bas, ramer seize heures dans le brouillard pour échapper aux corsaires français !

La saignée, exercice favori de la médecine classique, a tué bien des malades qu'elle vidait de toute force au lieu de les débarrasser de leurs «humeurs malignes» ou d'«engorgements néfastes». Ci-dessous, plat et **lancettes**.

Antonie Van Leeuwenhoek (1632-1723) est un étonnant savant hollandais. Grâce à ses microscopes, dont il gardera le secret, et à ses dons exceptionnels d'observation, il découvre les **protozoaires** et les **bactéries** ; il décrit aussi les **spermatozoïdes**, sans reconnaître leur fonction. Ses extraordinaires découvertes sont publiées entre 1715 et 1722.

Sur la gravure d'**Abraham Bosse** (1602-1676) présentée en bas, la saignée est pratiquée au coude ; elle pouvait aussi s'effectuer aux pieds ou à la face. On reste effaré devant leur nombre. Fallait-il pratiquer la saignée du côté de la lésion, ou du côté opposé ? Deux théories s'affrontaient...

Des savants prestigieux

A l'instar de Voltaire et des Français, on parle volontiers du «siècle de Louis XIV» pour désigner le XVIIe siècle, en songeant d'abord à Versailles et aux arts. Or, cette époque, inaugurée par l'Italien Galilée (1564-1642) et le Français René Descartes (1596-1650) – qui mourra lors d'un séjour en Suède à la cour de la reine Christine –, est tout autant, et peut-être surtout, celle de la naissance de la science moderne, fondée sur l'application des mathématiques à l'étude de la nature et sur des vérifications expérimentales méthodiques.

L'Europe du Nord fournit nombre de savants prestigieux, à commencer par le plus célèbre de tous, l'Anglais Isaac Newton (1642-1727), qui découvre la loi de gravitation des planètes et – en même temps que l'Allemand Wilhelm Leibniz (1646-1716) – le calcul infinitésimal («Principes mathématiques de philosophie naturelle», 1687).

En médecine, à défaut de lois mathématiques, l'observation permet de comprendre. La description du corps humain est presque achevée à la fin du XVIe siècle ; il reste à analyser son fonctionnement en associant anatomie et physiologie : le célèbre tableau de Rembrandt «La Leçon d'anatomie» illustre l'effort passionné de tout le siècle en ce sens. En 1628, l'Anglais William Harvey (1578-1657) explique le mécanisme de la circulation du sang. On s'oriente alors vers la vivisection – dissection d'animaux vivants – et l'anatomie comparée de l'homme et des animaux. En 1651, le médecin français Jean Pecquet (1622-1674) expose la circulation lymphatique, observée sur un chien en pleine digestion. Ces découvertes ont évidemment un effet sur la chirurgie. En France, les chirurgiens défendent la théorie de Harvey, combattue par la faculté de médecine. Les progrès du microscope, liés à ceux de l'optique – donc aux mathématiques – sont aussi essentiels.

La médecine au XVIIe siècle
Nommé médecin de **Charles Ier** en 1630, **William Harvey** (à droite), à l'aide d'expériences utilisant le garrot, démontre la circulation rapide du sang (plusieurs litres par minute). A gauche, investigations médicales traditionnelles : examen des urines et auscultation du pouls ; ci-contre, arracheur de dents.

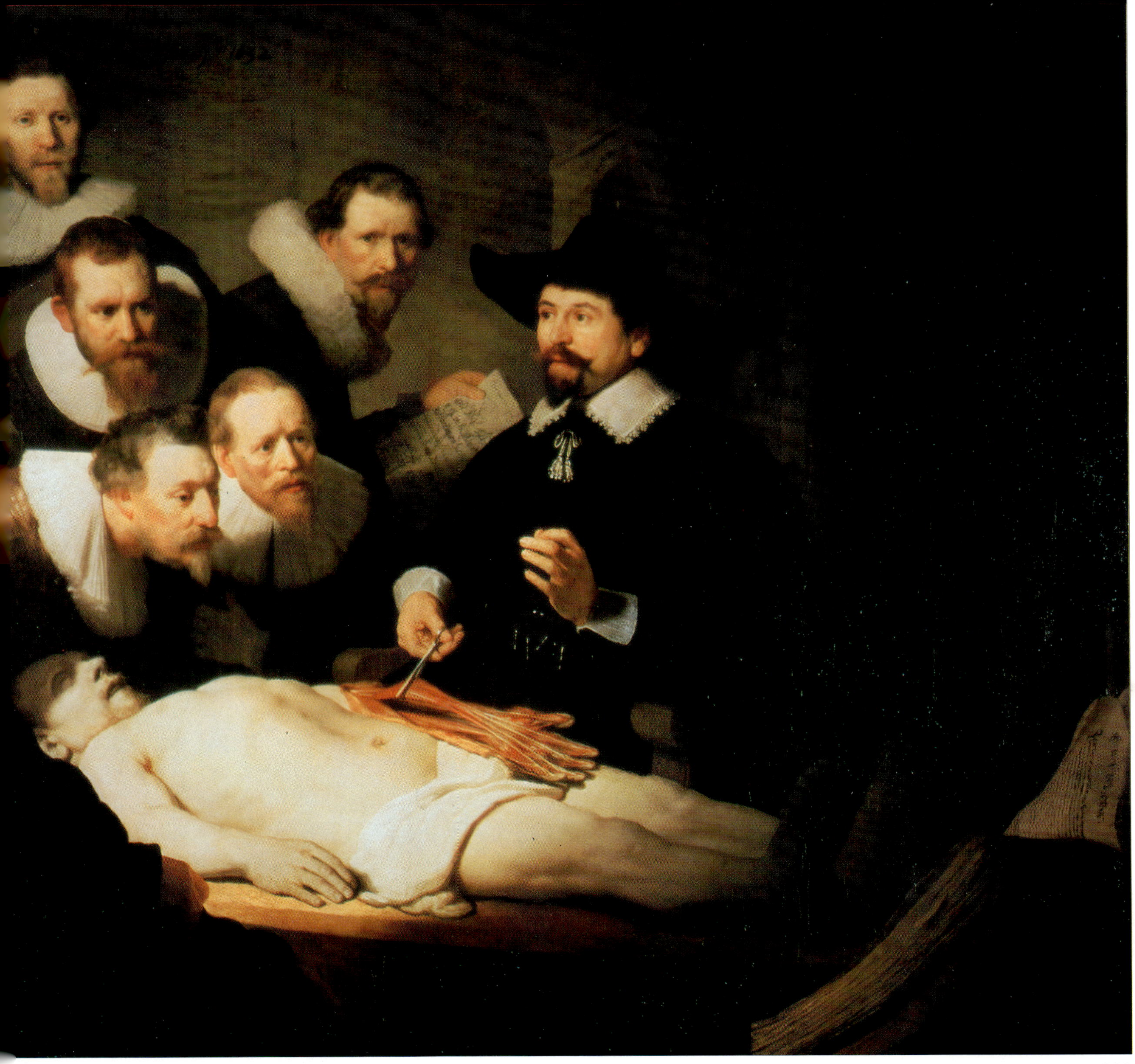

La fonderie de canons de **Julita-Brock** (**Suède**) au début du XVIIe siècle.

Le destin de Charles XII
Célèbre à 18 ans, réfugié en Turquie après la défaite de **Poltava**, tué devant la forteresse norvégienne de **Fredrikshald** à 36 ans, le roi fascine ses contemporains, et notamment **Voltaire** qui écrit une «Histoire de Charles XII» (1731). Ce fut effectivement un stratège génial. Cependant, il devait son armée à la politique prudente de son père **Charles XI**.

Gustave II Adolphe (ci-dessus), comme plus tard Charles XII et à peu près au même âge, est mort au combat. Mais il a laissé un pays fort, tandis qu'après la disparition de Charles XII, il n'y a plus ni armée suédoise ni Empire suédois autour de la Baltique. Charles XII a cédé devant le tsar **Pierre le Grand**, la Suède, devant la **Russie**, en attendant la montée de la **Prusse** au XVIIIe siècle. La force militaire suédoise, durant un siècle, a reposé avant tout sur la qualité de ses soldats. Charles XI répartit les paysans en cantons, qui fournissent des miliciens groupés en compagnies et régiments. Chaque milicien reçoit un lopin de terre. La pratique quotidienne des rites luthériens renforce la cohésion et la discipline. Charles XII, faute de disposer de troupes nombreuses, mise avant tout sur la rapidité et la vigueur des actions. Sa tactique d'attaque en colonne, pour augmenter la puissance de feu de ses maigres troupes, fit école.

Charles XII n'aimait ni le luxe, ni les villes, ni les femmes. De 1700 à 1718, il n'a pratiquement jamais quitté les camps militaires ni remis les pieds dans sa capitale, **Stockholm**, dont on voit ici le château. A peine revenu, en 1715, de son long séjour en **Turquie**, il part à la conquête de la **Norvège**, possession danoise.

La Suède attaque

Aux confins nordiques de l'Europe, la Suède fait au XVIIe siècle une entrée fracassante sur la scène européenne, sous l'impulsion de deux personnages exceptionnels, Gustave II Adolphe (roi de 1611 à 1632) et Charles XII (de 1697 à 1718). D'où ce pays tire-t-il la force, durant un siècle, de faire trembler la terre sous les pas de ses soldats et les roues de ses canons ? Pas du nombre des hommes – à peine plus d'un million, Suédois et Finlandais réunis ! Ni de son économie : la Suède puise l'essentiel de ses ressources dans le bois et les minerais (fer, cuivre), mais leur commerce est entre les mains des Hollandais. L'argent nécessaire au financement des grandes ambitions de ses rois, c'est la France qui va le lui fournir, à partir de l'entrée de Richelieu au Conseil du roi en 1624. Pour lutter contre la formidable puissance de la maison d'Autriche, la monarchie française se cherche en effet des alliés : au nord et à l'est, elle trouve la Suède et la Pologne ; au sud, la Turquie. Les célèbres traités de Westphalie (1648), triomphe de la politique française, introduisent ainsi la Suède en Allemagne, en lui offrant les villes de Brême et Verden ainsi que la Poméranie. Continuant dans cette voie, la Suède se lance alors dans la première guerre du Nord (1655-1660).

Charles X Gustave (roi de 1654 à 1660) attaque la Pologne et le Danemark. La paix, soutenue par Mazarin, fait de la Baltique un lac suédois. En revanche, toujours alliée à la France, la Suède se fait battre dans la guerre de Hollande (1672-1679) et ne doit qu'à une intervention militaire française de ne pas perdre son empire ; après quoi, Charles XI (roi de 1660 à 1697), ayant quitté l'alliance française, réorganise sa flotte et son armée, avant de mourir brutalement.

Charles XII lui succède. La Pologne, le Danemark et la Russie coalisés attaquent le jeune roi : c'est la troisième guerre du Nord. Charles XII bat Danois et Polonais et écrase les Russes à Narva (1700). 10 500 Suédois, disposés en deux colonnes, enfoncent 40 000 Russes sous une tempête de neige aveuglante… Les Russes perdent 10 000 hommes, les Suédois comptent 681 tués. Mais Charles XII pénètre en Russie. Et, le 8 juillet 1709, à Poltava, Pierre le Grand anéantit l'armée suédoise. La Baltique, par la paix de Nystad (1721), devient un lac russe.

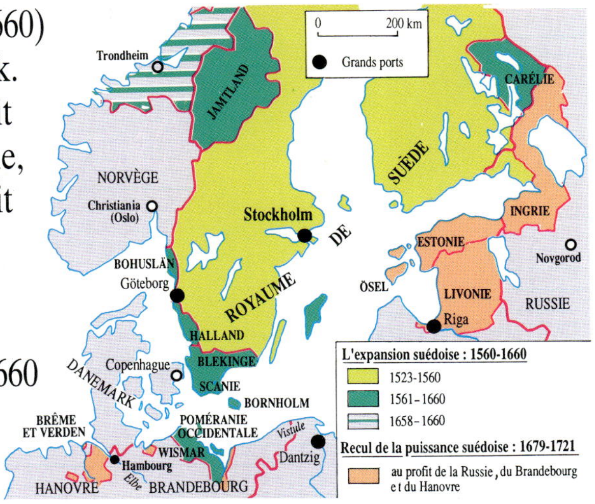

Suede et Pologne
Roi de Pologne (de 1587 à 1632) et roi de Suède (de 1592 à 1599), **Sigismond III Vasa** (ci-dessus) illustre bien les relations étroites qui lient entre eux les pays baltiques. La Pologne lui doit le transfert de la capitale de **Cracovie** à **Varsovie** (1596). En son temps, Charles XII, roi de Suède, intervient activement dans les affaires polonaises. Il dépose, en 1704, le roi **Auguste II** et fait élire **Stanislas Leszczynski** – le futur beau-père de **Louis XV** – qui devra à son tour s'exiler après Poltava (ci-dessous, vue de la bataille).

Sur l'allégorie du traité d'**Altranstaedt** (1706) – ci-dessous – Gustave II Adolphe et Charles XII symbolisent l'apogée de la puissance suédoise.

La reine Christine (1626-1689), fille de Gustave II Adolphe, succède à son père à 6 ans, abdique en 1654 et se convertit au catholicisme. Elle est restée célèbre pour avoir fréquenté les meilleurs esprits européens et rédigé en français son «Autobiographie dédiée à Dieu». Elle attire en Suède **René Descartes**, qui a prudemment quitté la France pour la Hollande, où règne une plus grande liberté intellectuelle. Après son abdication, Christine de Suède séjourne aux Pays-Bas, en France, et finalement en Italie. Sa curiosité intellectuelle, qualifiée de libertinage d'esprit, et sa vie privée, jugée trop libre, lui firent une réputation sulfureuse.

La Finlande
Les combats font rage, au XVIIe siècle, autour de la Baltique, dominée par

les Suédois depuis la **guerre de Trente Ans** et le **traité de Westphalie** (1648). La Finlande appartient alors au royaume de Suède. Elle a été occupée et christianisée par les Suédois à partir de 1155. Ses habitants se convertissent ensuite au protestantisme.

Gustave Vasa, roi de Suède, fonde **Helsinki** en 1550. Mais la Finlande conserve, en tant que grand-duché, jusqu'au XVIIe siècle où les liens se resserrent avec la montée d'un pouvoir absolutiste en Suède, une autonomie fondée sur la langue et l'origine ethnique de ses habitants.

En 1808-1809, la Suède devra céder la Finlande à la Russie, soutenue par **Napoléon Ier**, mais celle-ci conservera un statut particulier dans l'Empire russe, puisque les femmes finlandaises seront les premières du monde à obtenir le droit de vote, en 1906 !

«Malbrough s'en va-t'en guerre»

Les vingt-deux couplets de la fameuse chanson furent, selon les uns, écrits à la mort de John Churchill, premier duc de Marlborough (1650-1722), l'un des principaux généraux de l'armée royale d'Angleterre. Selon les autres, ils auraient été composés en 1709, quand on le crut tué à la bataille de Malplaquet : Marlborough, rallié à Guillaume de Nassau, fut l'adversaire brillant et acharné de Louis XIV et s'illustra, de 1701 à 1710, dans la guerre de la Succession d'Espagne.

La Livonie s'étendait sur les actuels territoires de l'**Estonie** et de la **Lettonie**. Elle doit son nom aux **Lives**, un groupe finnois. Soumise d'abord à l'influence slave (XIe siècle), elle passe ensuite dans l'orbite germanique, notamment avec

les fameux **chevaliers Teutoniques** (XIIIe siècle), ordre militaire et religieux qui réduit les Lives en servitude et étend sa domination sur la **Courlande** et l'Estonie. Affaibli par les attaques russes et par les effets de la **Réforme** protestante, l'Etat livonien s'effondre au XVIe siècle : l'Estonie passe à la Suède et la Livonie est annexée par la Pologne, qui représente alors la grande puissance de cette région. Mais celle-ci est gravement minée par son système politique, qui donne aux nobles polonais, souvent achetés par les puissances étrangères, le droit d'élire le roi, un roi sans grand pouvoir. Elle ne peut garder la Livonie, qui passe à la Suède au XVIIe siècle, puis à la Russie, en 1721, en même temps que l'Estonie, par le **traité de Nystad** conclu entre la Suède et la Russie. Le duché de Courlande enfin,

vassal de la Pologne, échoira également à la Russie lorsque, avec l'**Autriche** et la Prusse, elle démantèlera la Pologne au XVIIIe siècle, au cours de trois partages successifs.

La Russie des tsars

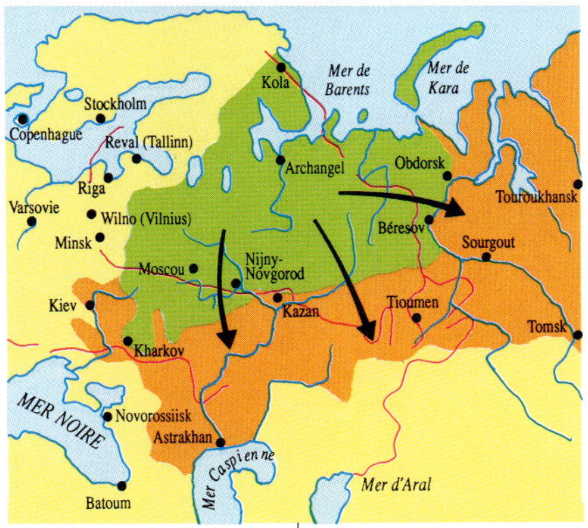

Carte de Russie montrant l'extension de l'Empire russe vers l'est au cours du XVIe siècle sous **Ivan le Terrible**.

Avec l'avènement d'Ivan IV (1533), la Russie sort de son interminable Moyen Age, marqué par l'occupation mongole. Le premier tsar édifie un Etat fort, centralisé, qui accroît ses territoires au centre et à la périphérie du pays. L'expansion progressive de la Russie connaît, un siècle et demi plus tard, un nouveau bond en avant, sous le règne de Pierre le Grand, qui donne au pays sa physionomie moderne.

Michel Romanov, premier d'une dynastie qui régnera jusqu'à la Révolution de 1917.

Ci-dessus, la **«chapka du Monomaque»**, la couronne des princes de Moscovie puis des tsars jusqu'à **Pierre le Grand**.

Le siege de Kazan La capitale du khanat de Kazan tombe en octobre 1552 assiégée par l'armée d'Ivan le Terrible (ci-dessus). L'est du continent s'ouvre à la Russie.

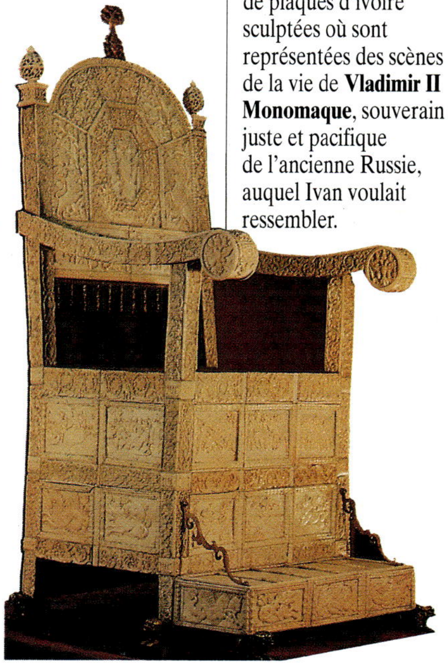

Le trone d'Ivan IV est recouvert de plaques d'ivoire sculptées où sont représentées des scènes de la vie de **Vladimir II Monomaque**, souverain juste et pacifique de l'ancienne Russie, auquel Ivan voulait ressembler.

Le «Ménagier» ou «Domostroi» En 1547, Ivan IV fait composer le «Ménagier», manuel d'économie domestique et de morale pratique à l'usage des familles. Il y est recommandé de châtier les fautes avec sévérité, mais sans excès. Ainsi, il ne faut pas frapper le coupable avec un bâton, ce qui pourrait le blesser, mais plutôt avec un fouet dont les coups ne rendent pas infirme ! «Il faut pour punir, frapper avec un fouet, en regardant où l'on frappe ; cela est raisonnable, cela est terrible et utile à la santé. S'il y a eu quelque faute grave, de nature à exciter la colère, un acte de désobéissance notoire et inexcusable, de la négligence, on enlève au coupable sa chemise, on lui tient les mains et on le fouette, sans violences déplacées, en tenant compte de la faute, et après avoir frappé, on ajoute quelques bonnes paroles.»

Le «Ménagier», qui s'adressait surtout à la noblesse de la cour pour changer ses manières frustes et choquantes, prêche aussi la tempérance, le respect de la religion et l'observance des jours maigres, il condamne les jeux et les spectacles, la boisson et les propos indécents. Par ailleurs, le tsar réforme l'administration et la législation, désormais unique pour toute la Russie, et réunit un concile qui réglemente la vie religieuse.

Ivan le Terrible

Au règne d'Ivan IV s'associe le début de l'absolutisme moscovite : abandonnant le titre de souverain (gosoudar) porté par ses prédécesseurs, Ivan se fait couronner tsar en 1547 et devient ainsi le premier autocrate de Russie.

Les premières années de son règne sont paisibles. Le jeune tsar est un souverain épris de justice. Il gouverne avec un groupe de conseillers choisis, encourage la réorganisation de l'administration locale et l'élaboration d'un nouveau code de lois. Il réforme aussi l'armée, en précisant les obligations de service des nobles et en créant des régiments de mousquetaires. Cette décision n'est pas fortuite.

Dès 1550, Ivan IV engage le pays dans une série de guerres. Les Russes attaquent les Tatars installés sur la Volga en principautés indépendantes, ou khanats, depuis le XVe siècle. En l'espace de six ans, la Russie se rend maîtresse de la Volga. A partir de 1558, Ivan IV concentre ses efforts contre l'ordre des chevaliers de Livonie, au nord des terres baltes, afin d'avoir accès à la mer, et par elle, à l'Europe scandinave. Les offensives, d'abord brillantes, sont suivies de revers importants. Ces échecs accentuent la tyrannie d'Ivan. Il supporte mal la présence des boyards, ces anciennes familles princières dont les privilèges constituent une limite à sa toute-puissance. Il leur livre une lutte sans merci qui se traduit par de véritables massacres. La fin du règne d'Ivan est marquée par la terreur et le tsar meurt, probablement empoisonné, en 1584.

L'ÉGLISE SAINT-BASILE
Pendant le règne d'Ivan IV, la capitale se reconstruit, un incendie l'ayant détruite presque entièrement. Pour commémorer sa victoire à Kazan, Ivan fait édifier, en l'honneur de la Vierge, une grande église (1555-1560) coiffée de coupoles en forme de bulbe, sur la place Rouge à Moscou (ou Belle Place, car «rouge» signifie aussi «beau» en russe). En souvenir de l'entrée du Christ à Jérusalem, au dimanche des Rameaux, le **patriarche**, l'évêque de Moscou, monté sur un petit âne traversait la place Rouge vers l'église. Cette procession était un événement très populaire pendant tout le XVIIe siècle ; elle disparaîtra sous Pierre le Grand après la mort du dernier patriarche. Aujourd'hui, cette église s'appelle Basile-le-Bienheureux, car le saint vivait sur le chantier pendant la construction. A sa mort, la piété populaire lui dédia l'église, et l'on ajouta une chapelle en son honneur. Voici l'église dans son état du XVIe siècle.

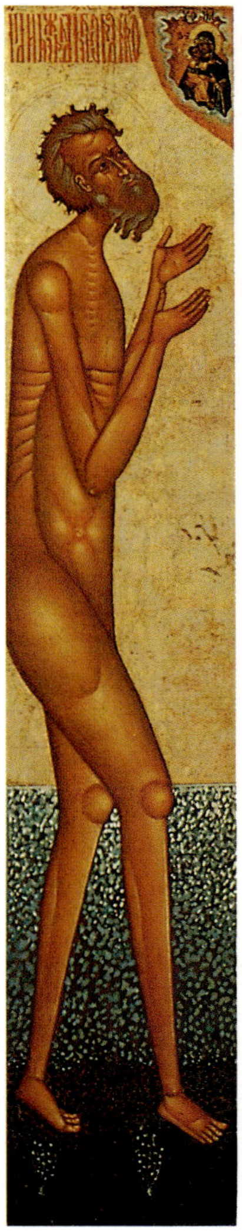

SAINT BASILE-LE-FOL
était un loqueteux qui disait ses quatre vérités au tsar, lui reprochant de «boire le sang des chrétiens». Le peuple le respectait beaucoup.

IVAN IV LE TERRIBLE
L'enfant n'a que 3 ans lorsqu'il perd son père ; sa mère, qui assure la régence, meurt trois ans plus tard. Les boyards, dont son père avait limité la puissance, prennent leur revanche et n'ont aucun respect pour lui. Ce sont eux qui gouvernent effectivement la Russie. A 16 ans, Ivan commence à exercer le pouvoir : il se fait couronner tsar (du mot latin *caesar*). Les débuts de son règne sont heureux. Il épouse **Anastassia Romanovna**. Mais après la mort de celle-ci (1560), son caractère s'aigrit. Il se méfie de tout le monde et en particulier de la grande noblesse qui cherche à retrouver ses privilèges traditionnels dont il l'a dépouillée. Afin de vaincre son opposition, il s'entoure de serviteurs qui lui doivent tout et qui lui obéissent aveuglément. Le tsar leur distribue des terres en spoliant les légitimes occupants – c'est l'**«opritchnina»**. Les protestations contre ses abus de pouvoir sont brutalement réprimées et les exécutions sommaires se multiplient. Dans un accès de colère, il blesse mortellement son fils aîné (1581). Malgré la terreur qu'il inspire, quelques personnes se sont élevées contre la tyrannie d'Ivan, comme saint Basile-le-Fol. Son compagnon de tous les instants pendant la conquête de Kazan, le prince **Kourbsky**, doit fuir en Lituanie où il meurt. **Saint Philippe, métropolite** de Moscou, indigné par les cruautés du tsar, lui refusera un jour sa bénédiction : il sera relégué dans un monastère et étranglé dans sa cellule. En souvenir de ses victoires, la postérité se souviendra de lui sous le nom d'Ivan le Menaçant, ou le Terrible. Les images (ci-dessus) sont tirées du film d'**Eisenstein** «Ivan le Terrible».

Le servage

Au XVIe siècle, la plupart des paysans russes sont des serfs, attachés héréditairement à la terre de leurs maîtres, qu'ils soient des nobles de familles princières ou des serviteurs de l'Etat, nommés par Ivan IV. Le servage en Russie n'était pas défini par la loi ; il s'est imposé par la coutume et surtout par l'endettement des paysans surchargés d'impôts et de taxes qui les empêchait de partir, ainsi que par la suppression progressive des quelques libertés dont ils disposaient, comme celle de pouvoir quitter leur terre lors de la fête de la Saint-Georges, à la fin de l'automne.

LA NOURRITURE
Ce porteur de poissons vifs rappelle ce qu'**Oléarius**, qui voyagea en Russie avec l'ambassade du duc de Holstein de 1633 à 1636, dit de la nourriture. Il mange des bouillies, du chou, des raves, des concombres et du poisson frais salé. Il est frappé par la grande consommation

d'ail et d'oignon des Russes, ce qui offusque ses narines délicates. Il trouve la viande bonne, mais se contente volontiers du régime de poisson et de pâtés divers, en raison du grand nombre de jours maigres. Il goûte même au caviar, que la Russie exporte vers l'Italie. Les boissons légères aux fruits des bois lui plaisent beaucoup.

JURONS
Oléarius est également frappé par la crudité du langage : tout le monde jure, des vieillards aux petits enfants, mais le juron russe n'offense pas le nom de Dieu comme en Occident où les «Ventre-bleu» ou «Crebleu» sont des Ventre-Dieu ou des Sacré-Dieu déguisés.

LES VETEMENTS
Pour les cérémonies officielles, les courtisans portaient des robes empruntées à la garde-robe du souverain. Les gens simples avaient des chemises sans col, brodées aux poignets et à l'encolure, un caftan par-dessus, et un bonnet de feutre blanc – les plus aisés portaient un couvre-chef de velours doublé de fourrure. Les vêtements féminins étaient plus larges, une robe remplaçant le caftan. Les femmes relevaient leurs cheveux et les jeunes filles faisaient une natte.

INTÉRIEUR D'UNE ISBA
Les plus âgés dorment sur le vaste poêle, les autres sur les bancs autour de la pièce unique. Les berceaux sont suspendus à de longues perches pour mettre les bébés à l'abri des rats.

L'HABITAT
Les maisons de pierre sont encore rares, même dans les villes. La plupart sont en rondins, couvertes de «tuiles» en bois refendu. Elles sont rassemblées près de l'église. Un puits équipé d'un balancier, permettant de faire monter les seaux sans effort, ravitaille les habitants en eau potable.

LE TSARÉVITCH ASSASSINÉ
Le tsarévitch **Dimitri** n'a que 3 ans à la mort de son père. Exilé à Ouglitch avec sa mère, il est mystérieusement assassiné en 1591. L'opinion générale accuse **Boris Godounov** d'avoir été l'instigateur du meurtre, qu'il aurait commis pour s'emparer du pouvoir. Cette thèse n'est plus admise par tous. Peu après que Boris Godounov fut monté sur le trône, un jeune homme marche sur Moscou. Il affirme être le tsarévitch, caché pendant des années dans un monastère puis à la cour de Pologne. Porté au pouvoir par les boyards, sa bienveillance pour la religion catholique, sa fiancée polonaise et les exactions des troupes polonaises qui l'ont aidé, lui valent bientôt la haine du peuple de Moscou qui l'avait accueilli en libérateur. Moscou se révolte et chasse les Polonais au prix de lourdes pertes. Le faux Dimitri (ci-dessus) est assassiné.

Le temps des troubles

Pendant quinze ans, entre 1598 et 1613, la Russie connaît une série de bouleversements et de conflits violents dont elle va garder pendant longtemps le traumatisme. Le «temps des troubles» désigne cette crise, à la fois dynastique, sociale et nationale, qui menace le pays dans tous ses fondements. A la mort de Fédor, fils d'Ivan IV, le trône est laissé vacant. Boris Godounov, l'un des proches conseillers du défunt tsar, prend alors, et non sans talent, les rênes du pouvoir. Mais il doit affronter les calamités qui s'abattent sur le pays. La sécheresse et la famine provoquent un désastre que le peuple interprète bientôt comme le courroux de Dieu contre le tsar pécheur : les rumeurs courent qu'il a fait assassiner le demi-frère de Fédor, Dimitri, pour prendre le pouvoir. Mais d'autres bruits se répandent, selon lesquels le tsarévitch n'est pas mort. Et en 1604, un usurpateur, qui prétend être Dimitri, se lance à l'assaut de la Russie. La confusion règne. Boris meurt brutalement. «Dimitri» prend le pouvoir, mais il est bientôt victime d'autres intrigues.

BORIS GODOUNOV (v. 1552-1605), neveu d'un des hommes de service d'Ivan le Terrible, se fait remarquer par son talent d'homme d'Etat courageux et énergique. A la mort d'Ivan, il gouverne pratiquement la Russie à la place du tsar Fédor, être doux et faible d'esprit dont il est le beau-frère. Il s'efforce de relever l'économie. A la mort de Fédor, il sera couronné et régnera au milieu des pires difficultés.

Décor (ci-dessus) pour une scène de l'opéra de Moussorgski, «Boris Godounov» : le peuple se rend au monastère Novodiévitchiï, où s'est retiré Boris Godounov, et le supplie d'être tsar.

Modest Moussorgski (1839-1881), compositeur russe (ci-dessus), est l'auteur de l'opéra qui porte le nom de Boris Godounov d'après le poème de **Pouchkine** (1799-1837). Le portrait qu'il fait de Boris n'est guère flatteur mais il reflète bien la haine que lui vouait la noblesse. Il est présenté comme un tyran ambitieux, usurpateur du trône de Dimitri et responsable de tous les malheurs de la Russie.

Les campagnes, après plusieurs années de mauvaises récoltes, plongent dans une grande misère pendant le temps des troubles. Le prix du blé augmente énormément. Les paysans affluent vers les villes où le tsar Boris fait distribuer du pain et de l'argent. Mais les réfugiés sont si nombreux qu'ils n'ont guère d'autre choix que de voler pour survivre. La Russie perd la moitié de sa population à cause de la famine, de la peste et des guerres.

En l'espace de treize mois, quatre tsars se succèdent sur le trône : Boris Godounov, son fils Fédor, qui ne règne qu'un mois, le faux Dimitri et un boyard, Basile Chouïski. La détérioration de l'autorité favorise la montée des mécontentements. Au Sud, les gouverneurs conduisent la rébellion des villes ; dans les campagnes, les paysans, accablés par des années de misère, se soulèvent. Le climat de guerre civile et de désordre encourage les convoitises des Polonais qui cherchent à conquérir le pays.

Mais la menace étrangère profite en fait à la Russie. L'Eglise russe use de sa puissance morale pour réveiller le sentiment national contre le péril étranger. Une armée russe se constitue. Elle parvient à contrer l'avance d'une armée polonaise vers Moscou en 1612. Cette victoire restaure l'autorité, qui se concrétise peu après par la nomination d'un boyard, Michel Romanov, à la tête du pays. Une nouvelle dynastie est née. Elle va régner en Russie jusqu'à la Révolution de 1917.

La Pologne A l'époque des troubles que traverse la Russie, la Pologne est une puissance florissante. Son union avec la **Lituanie** (1569) en fait un royaume immense qui s'étend en Ukraine, sur les rives baltes et en Biélorussie.

Le monarque rêve d'imposer la religion romaine dans la Scandinavie luthérienne et la Russie orthodoxe, affaiblie par les multiples conflits qui l'assaillent. Il convoite le trône de Moscou et de nombreux boyards attirés tant par l'éclat de la civilisation polonaise que par la puissance du royaume le soutiennent. Mais le peuple reste farouchement opposé à ces voisins slaves, trop latinisés pour être des leurs.

La noblesse polonaise est alors, relativement à son territoire, la plus nombreuse d'Europe. L'essor des arts, de la culture latine est encouragé par la présence des jésuites. Ils fondent une université à Vilnius en 1598 et sont protégés par le très catholique **Sigismond III**.

Le Kremlin
A la fin du temps des troubles, Moscou et le Kremlin ont beaucoup souffert. On travaille jour et nuit à leur reconstruction sur l'ordre du tsar.

Michel Romanov est issu d'une famille de boyards déjà proches du trône, bien avant son avènement : en effet, Ivan le Terrible épouse **Anastassia Romanovna** dont le frère **Nikita** assurera la régence après la mort du tsar. Boris Godounov force un autre Romanov, Fédor, fils de Nikita, à entrer en religion. C'est ce dernier qui deviendra patriarche de Russie sous le nom de **Philarète**. Le tsar Michel, qui règne de 1613 à 1645, est son fils. Il est très marqué par son père et l'associe à l'exercice du pouvoir. Le choix d'un Romanov reçoit alors l'approbation générale car cette famille ne s'est pas compromise avec l'ennemi et symbolise donc la fidélité à la tradition.

Les premiers Romanov

Au XVIIe siècle, la Russie se relève lentement de la grande crise qu'elle vient de traverser. En 1613, lorsqu'il est choisi par l'assemblée d'Etat, Michel Romanov n'a que 16 ans, mais l'annonce de son couronnement est accueilli dans le pays comme le retour à un ordre ardemment espéré. Le jeune tsar restaure la paix. A l'extérieur, il conclut un accord avec les Polonais et refuse de se lancer dans toute entreprise aventureuse, en particulier contre les Turcs. A l'intérieur, Michel tente d'assainir l'économie du pays, durement éprouvée par les troubles. De nouveaux impôts sont créés pour rétablir les finances de l'Etat, mais celles-ci resteront dans une situation très instable. A la mort de Michel, en 1645, son jeune fils Alexis, surnommé le Très Doux, lui succède. Durant son règne, il favorise l'essor du commerce et de l'artisanat, permettant l'épanouissement des villes et des échanges avec l'étranger.

Réformes religieuses
Dès 1589, Moscou devient une capitale religieuse à l'égal de Constantinople, prise par les Turcs en 1453, grâce à la création d'un patriarcat. A partir de 1652, le patriarche Nikon entreprend de faire réviser les livres religieux afin d'éliminer les fautes de traduction et d'unifier les rites des Eglises grecque et russe. Mais ces corrections sont refusées par les traditionalistes qui les ressentent comme une trahison de la vraie foi. Ils forment le courant des «vieux-croyants», fidèle aux livres anciens. Le fanatisme des traditionalistes et l'intolérance des autorités entraîneront des persécutions et des groupes entiers de vieux-croyants préféreront s'immoler par le feu plutôt que de renoncer à leurs croyances. D'autres sectes vont fleurir partout en Russie. Les vieux-croyants sont condamnés comme schismatiques au concile de 1666-1667. Il existe encore des communautés de vieux-croyants en Russie.

La persécution frappe aussi boyards et religieux : la boyarine **Morozowa** (ci-dessus), qui s'oppose à la réforme de l'Eglise, est emprisonnée, et **Avvakoum**, archiprêtre protégé du tsar Alexis et opposé à Nikon, est emprisonné après la mort de son protecteur (1676) et exécuté.

Annexée à la Pologne à la faveur du joug tatar qui a démantelé le pays, l'Ukraine est, au XVIIe siècle, un pays dominé par les conflits. A la noblesse polonisée et latinisée s'opposent la paysannerie et les Cosaques restés fidèles à l'orthodoxie russe, dont Kiev a été le berceau. Après plusieurs rébellions contre les Polonais, les Ukrainiens demandent le soutien de Moscou et deviennent sujets du tsar en 1654.

A cette date, une réforme de l'Eglise divise la chrétienté russe. Un mouvement hérétique naît sous le nom de «vieux-croyants». En dépit des révoltes locales qui jalonnent le siècle, les Romanov redonnent à la Russie stabilité et éclat.

Stenka Razine (v. 1630-1671) prend la tête d'une troupe de serfs fugitifs, de déserteurs et de réfugiés, tous en révolte contre l'administration. Cette armée pille les domaines de la Russie du Sud, massacre les fonctionnaires et établit sa capitale à Astrakhan. Le tsar envoie une armée contre Razine ; blessé, celui-ci se réfugie chez les Cosaques du Don qui le livrent à la justice de Moscou. Il sera exécuté. Son épopée, très populaire, fut mise en chansons. Ici, il fait jeter dans la Volga une jeune princesse captive.

Une ambassade étrangere à Moscou
Après le temps des troubles, le pays est ruiné et les souverains encouragent le commerce et l'industrie pour relancer l'économie. Sous le tsar Alexis, un système de poste est créé. De nombreux étrangers viennent s'installer en Russie, surtout des Hollandais, des Allemands et des Anglais. Ils fondent des ateliers d'orfèvrerie, des manufactures de drap et de velours, des verreries, des fonderies, comme celle de **Toula** qui fabrique des canons et d'autres armes. Les étrangers relancent le commerce, mais les marchands russes se plaignent qu'il leur profite très peu. Ils obtiennent une limitation des privilèges des étrangers. Le tsar Alexis reçoit de nombreuses ambassades étrangères, et, à son tour, il en envoie dans tous les pays d'Europe et même en Chine. La culture occidentale commence à se répandre à la cour qui assiste en 1668 à la représentation de l'«Amphitryon» de Molière traduit en russe. Il en est de même pour la peinture : les premiers artistes russes font le voyage d'Italie pour s'initier à de nouvelles techniques artistiques.

La conquête de la Sibérie

La colonisation de la Sibérie peut être comparée, par son ampleur, à la conquête de l'Ouest en Amérique. Les Russes avaient commencé, dès le Moyen Age, à explorer cette immense terre qui s'étend au nord le long de l'océan Arctique, qui s'ouvre sur le Pacifique et qui touche, au sud, la Mongolie et la Chine. Interrompues lors des invasions mongoles, les explorations reprennent au XVIe siècle, époque où les Russes entreprennent la colonisation du pays. La première grande expédition a lieu sous le règne d'Ivan le Terrible, à l'initiative des Stroganov, une célèbre et puissante famille de marchands, qui chargent le Cosaque Ermak d'étendre les frontières de la Russie vers l'est. La petite troupe d'aventuriers, composée de Cosaques et de soldats, progresse dans les terres, en soumettant les peuples autochtones au prix de combats sanglants. A la fin du XVIe siècle, le gouvernement moscovite crée une administration pour la province de Sibérie, qui comprend alors essentiellement les rudes terres du nord du pays.

Ermak et sa troupe de Cosaques du Don, armés par la famille **Stroganov** pour défendre ses possessions de l'Oural contre le harcèlement des indigènes, commencent la conquête de la Sibérie en 1582. Ils livrent bataille contre les troupes du khan de Sibérie **Koutchoum**. Ermak envoie alors son fidèle second **Kolzo** annoncer sa victoire au tsar. Celui-ci, en récompense, offre à Ermak une somptueuse armure. Elle le protège dans toutes ses batailles, mais malheureusement, un jour qu'Ermak est à nouveau attaqué par le khan Koutchoum, il veut s'enfuir dans une barque écartée du rivage. Il manque son but et tombe à l'eau. Le poids de l'armure l'entraîne par le fond. En haut, la bannière emportée par Ermak dans son expédition en Sibérie.

Traineaux, luges et skis

Dans ce pays immense, couvert de neige plusieurs mois par an, on avait recours à des traîneaux de toutes tailles attelés de chevaux ou de rennes. Ils servaient tant au transport des marchandises que des personnes. On était souvent obligé d'attendre que le gel ait solidifié la boue des routes pour pouvoir voyager. A son débarquement à Riga sur la mer Baltique, Oléarius dut attendre cinq semaines, avant de pouvoir prendre le chemin de Moscou. Malgré le froid, les voyages d'hiver ont l'avantage d'être plus rapides ; ainsi Oléarius affirme que la distance de Moscou à Novgorod (près de 500 km) peut être couverte en six ou sept jours, ce qui est une excellente moyenne pour l'époque.

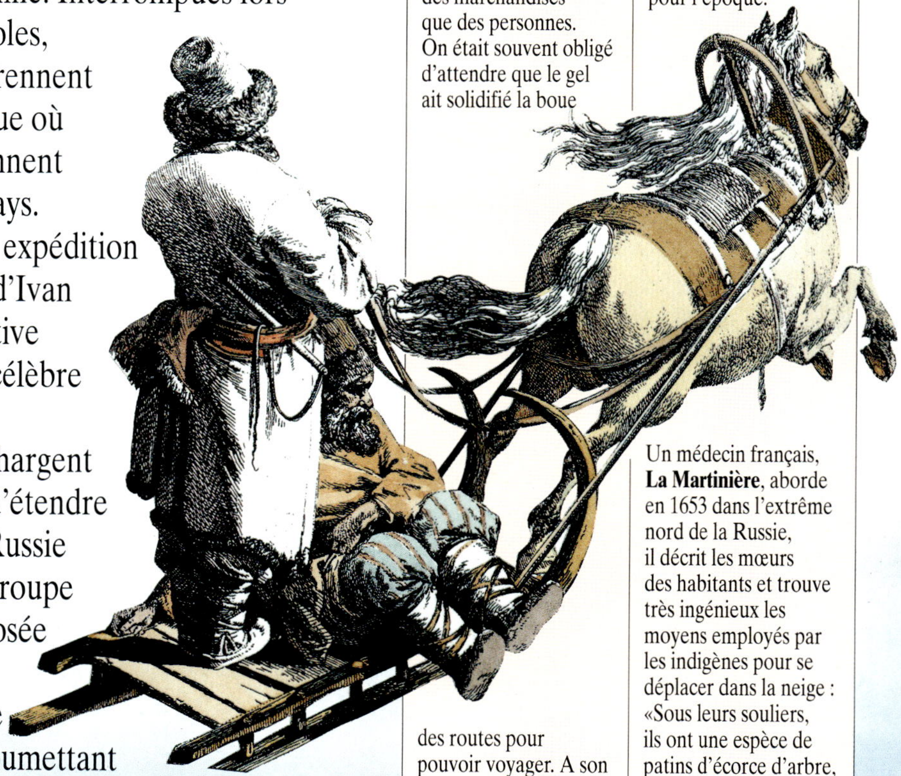

Un médecin français, **La Martinière**, aborde en 1653 dans l'extrême nord de la Russie, il décrit les mœurs des habitants et trouve très ingénieux les moyens employés par les indigènes pour se déplacer dans la neige : «Sous leurs souliers, ils ont une espèce de patins d'écorce d'arbre, longs de deux pieds (65 cm environ) faits en gondoles, avec quoi ils marchent fort vite sur la neige» ; les chasseurs se servent pour glisser d'autres «patins d'écorce longs de sept pieds et demi (2,35 m), larges de quatre doigts seulement (8 à 10 cm), plats par-dessous». Dans les premiers nous reconnaissons les raquettes de neige et dans les seconds, les ancêtres de nos skis de fond.

Les Stroganov
Cette famille d'artisans et de marchands de la région de Novgorod s'enrichit à la fin du XVe siècle en faisant le commerce du sel et des fourrures. Grands propriétaires fonciers sous Ivan IV, qui leur donne de vastes régions en concession, ils dirigent pratiquement un Etat dans l'Etat, avec une armée à leur solde, comme la troupe de Cosaques d'Ermak. Ils mettent en valeur d'immenses territoires, dont ils exploitent les richesses qu'ils transportent par voie d'eau. Ils dirigent aussi diverses manufactures. Leur influence sur les arts est très importante car leur immense fortune leur permet de construire et de décorer des églises et des demeures, ainsi que d'entretenir des ateliers de peinture d'icônes, de broderie et d'enluminure de manuscrits.

La Sibérie occidentale et méridionale est plus difficile à conquérir, en raison de la résistance des populations : les Tatars musulmans de l'Ouest, les Bouriates installés autour du lac Baïkal et les peuples turco-mongols sont partiellement soumis au cours du XVIIe siècle. L'attrait exercé par la Sibérie est motivé par sa richesse en fourrures : zibeline, hermine et castor. L'administration russe institue le «yassak», un impôt en fourrure. L'évangélisation des Sibériens commence à cette époque. Le premier archevêché de Sibérie est fondé en 1621. Les missionnaires russes, très actifs, ne baptisent pas de force ; la conversion au christianisme place les Sibériens sur un pied d'égalité avec les Russes et les exempte de l'impôt. Vers 1650, trois Cosaques parviennent au détroit de Béring qui s'ouvre sur le Pacifique. Les limites nord du continent désormais connues, la conquête de la Sibérie devient plus active.

Les Cosaques
sont les pionniers de la conquête de la Sibérie. Ces guerriers, qui se sont regroupés, et qui, avec le temps, ont formé de véritables sociétés en marge du peuple russe, sont avant tout des aventuriers. Installés dans les régions frontalières du pays et en Ukraine, les Cosaques combattent surtout les Tatars, mais s'opposent aussi à tout contrôle de l'Etat. Leur force vient de leur unité et de leur vocation militaire. Le gouvernement moscovite, après avoir craint ces rebelles, les sollicite pour ses grandes entreprises en promettant de respecter leur volonté d'indépendance. Les Cosaques sont ainsi fortement associés à la formation de l'Empire russe. Ci-dessous, l'ataman **Bogdan Khmelnitski**, chef des Cosaques d'Ukraine.

Le lac Baikal,
qui s'allonge en arc du nord au sud, près de la frontière de la Mongolie, est la plus grande réserve d'eau douce du monde. Sa superficie est égale à celle de la Belgique. Les **Bouriates**, peuple d'origine mongole, sont installés sur ses rives.

Pierre le Grand

Les Russes, jusqu'à aujourd'hui, considèrent que le règne de Pierre le Grand constitue une époque révolutionnaire dans l'histoire du pays. En trente ans, la Russie a effectivement acquis une physionomie nouvelle qu'elle doit, pour beaucoup, à l'extraordinaire dynamisme de Pierre. Le jeune souverain est dépeint par ses contemporains comme un homme d'une volonté inébranlable, d'une curiosité insatiable et d'une très grande énergie. Esprit vif et rapide, Pierre fait de son pays, jusque-là isolé, un Etat moderne qui, bientôt, rivalisera avec les grandes puissances d'Europe. Dès qu'il monte sur le trône, Pierre se lance dans la guerre contre les Turcs. La conquête d'Azov marque le prélude des multiples offensives russes du XVIIIe siècle contre l'Empire ottoman. Mais au règne de Pierre s'associe surtout la grande guerre du Nord dirigée contre la Suède de Charles XII. En remportant la victoire de Poltava, en 1709, Pierre se rend bientôt maître d'une grande partie des rives baltes et de la Finlande. La Russie dispose dès lors d'une «fenêtre sur l'Europe» et remplace la Suède comme Etat fort au nord du continent. L'accroissement soudain de la Russie suscite la crainte des Etats occidentaux mais elle promeut aussi la Russie au rang de grande puissance. Pierre la concrétise en se faisant désormais nommer empereur. Lorsqu'il met en œuvre son programme de réformes, le souverain trouve peu de soutien dans son entourage. Il cherche alors des collaborateurs hors de la Cour. Des hommes nouveaux apparaissent, comme le Suisse François Lefort, ou le roturier Alexandre Menchikov qui devient l'un de ses grands conseillers. Les réformes intérieures de Pierre se caractérisent par l'influence profonde du modèle occidental.

L'INSTRUCTION, Pierre la rend obligatoire pour tous les fils des prêtres et des diacres, et les nobles seront désormais obligés de savoir lire pour pouvoir se marier. Il ouvre des écoles primaires et développe l'imprimerie : un grand nombre de manuels techniques sont traduits et imprimés pour servir aux besoins de l'art militaire et des manufactures. En 1702, le premier journal de Russie commence à paraître, dont le souverain corrige lui-même les épreuves des premiers numéros. Le tsar fonde également de nombreuses académies spécialisées : école navale, de médecine, de botanique, de pharmacie et de chirurgie pour mieux soigner les blessés des batailles.

Un alphabet laïc simplifié est créé par le tsar lui-même.

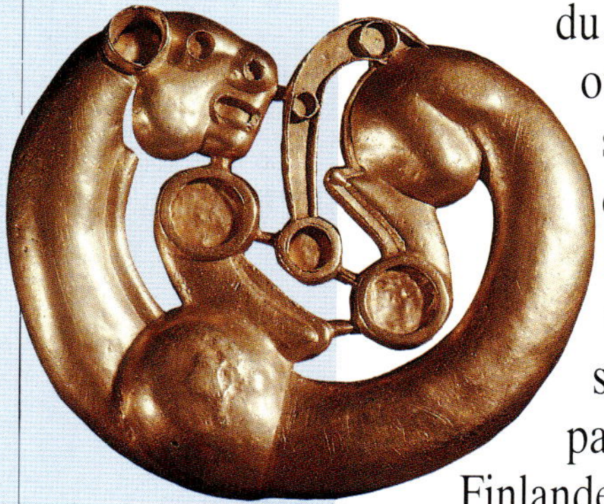

LE MUSÉE DE PIERRE Le cabinet de curiosités du tsar comprend herbiers, minéraux, fossiles et monstres de la nature, mais aussi de l'orfèvrerie scythe trouvée en Sibérie. Le public y était admis et chaque visiteur recevait un verre de vodka. La fondation de ce premier musée de Russie (1716) précède celle de l'Académie des sciences (1725).

LOUIS XV ET LE TSAR En 1717, Pierre entreprend sa dernière grande tournée des capitales européennes. A Paris, il est accueilli en grande pompe par le **Régent** et rencontre Louis XV, qui n'a que 7 ans. Peu soucieux de l'étiquette, le tsar prend l'enfant royal dans ses bras, comme n'importe quel bambin, au grand étonnement des courtisans et du roi lui-même. En France, le tsar visite des manufactures dont il pense que la Russie pourrait avoir besoin et des institutions scientifiques. A l'Académie des sciences où il est reçu, il projette une collaboration entre les deux pays. Il fait les premiers pas en adressant à l'Académie une carte de la mer Caspienne nouvellement dressée.

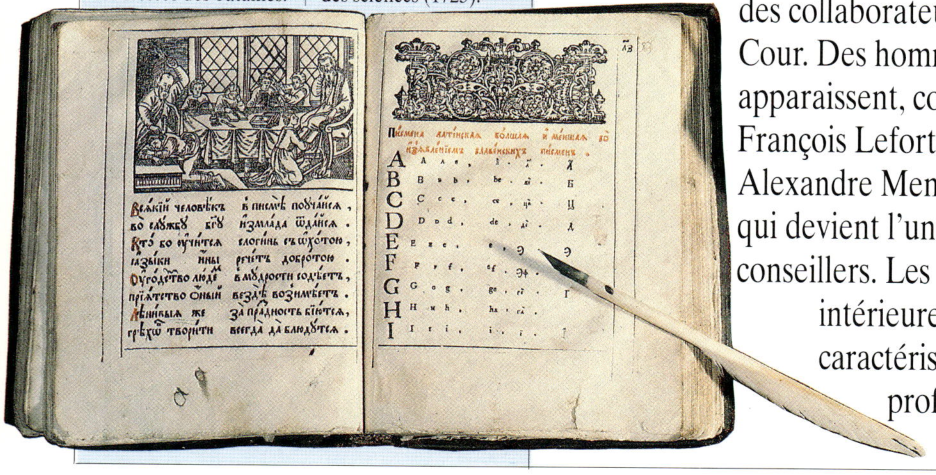

UN VOYAGE D'ÉTUDES à travers l'Europe est organisé par le tsar pour un groupe de gentilshommes, afin d'apprendre l'art naval d'Occident. Passionné de sciences et de techniques, le tsar s'embarque incognito avec l'expédition. Pendant six mois, en Hollande, il travaille comme charpentier. Le bateau qu'il y a construit existe toujours (ci-dessous).

L'incognito du tsar ne trompe personne. En Angleterre (ci-dessus) et dans les autres pays qu'il visite, on lui montre les installations portuaires et les ateliers sur lesquels il prendra modèle. Dans chaque pays, Pierre recrute des spécialistes à qui il promet des privilèges importants, la tolérance religieuse et des tribunaux particuliers.

Fondateur de l'armée et de la marine russes modernes, l'empereur réorganise aussi le gouvernement, en créant le sénat et des collèges, ou ministères, pour l'administration des différents domaines de l'Etat. Des réformes dans l'organisation des provinces, des localités et des villes renforcent le contrôle de Moscou sur le territoire. Le mérite de Pierre est d'avoir ainsi fondé un véritable organisme d'Etat, qui, tout en restant dépendant du souverain, dispose de fonctions définies, propres à gérer plus efficacement les affaires de l'empire. Grand admirateur de la civilisation occidentale, le souverain encourage la création de nouvelles écoles, l'épanouissement des arts et de la culture. Ses successeurs poursuivront son œuvre tout au long du siècle.

LES INNOVATIONS DU TSAR, outre le costume, touchent aussi le calendrier. Le 1er janvier 1700 marque le passage au calendrier occidental que nous connaissons. Auparavant l'année commençait le 1er septembre et au lieu d'être comptées à partir du début de notre ère, c'est-à-dire de la naissance du Christ, les années étaient calculées depuis la création du monde d'après la Bible.

Gravure populaire montrant comment le tsar impose le costume occidental : on coupe les manches et on raccourcit au genou.

LA BARBE OU L'IMPOT La modernisation se fait de gré ou de force. Les hommes doivent se raser ou payer un impôt pour garder la barbe. Ce jeton prouve le paiement.

L'ENTERREMENT DU CHAT La volonté brutale de réformes de Pierre Ier et sa trop grande hâte à les promulguer lui valent l'hostilité du peuple très attaché à ses traditions. Cette gravure populaire en est un témoignage. Ce tsar, cruel et tyrannique, est représenté ici sous les traits d'un chat enterré par ses sujets, figurés par des souris, enfin débarrassées de leur persécuteur.

L'Amirauté
Pour le développement de ses échanges avec les pays occidentaux, comme pour les besoins de la défense, une des premières activités de Saint-Pétersbourg a été la construction navale. Les chantiers navals de l'Amirauté travaillent pour doter la Russie d'une flotte digne de sa puissance. La flotte de la mer Baltique compte, à la fin du règne de Pierre le Grand, près de 1 000 navires servis par 28 000 marins.

Saint-Pétersbourg

Pierre choisit en 1703 l'embouchure de la Neva pour installer un port sur la Baltique, «fenêtre» de l'empire sur l'Europe. Tous les corps de métiers participent à la construction de Saint-Pétersbourg, dont Pierre dessine les plans ; des architectes étrangers viennent prêter leur concours. Les rives des bras de la Neva sont stabilisées par des pieux de chêne pour permettre la construction. Les rues sont assez larges pour empêcher la propagation du feu. Parmi les premiers bâtiments construits, la forteresse Pierre-et-Paul défend la ville. La grande noblesse devra s'installer à Saint-Pétersbourg, capitale de l'empire dès 1712.

LE SÉNAT
Pour remplacer l'assemblée des boyards, le tsar crée un sénat de neuf membres placé au sommet de l'appareil gouvernemental dont il est l'instance administrative et judiciaire suprême. Il est chargé de gouverner le pays en l'absence du tsar. Il veille également à la bonne perception des impôts. En 1721, le sénat proclame Pierre empereur.

Des monnaies d'or, d'argent et de cuivre sont frappées.

PIERRE ET SES SOLDATS
Tout enfant, Pierre aimait les jeux de guerre. Devenu souverain, il doit défendre le pays. Afin de faire face aux besoins de la guerre, il crée la première armée permanente du monde par l'instauration d'un service militaire. Il recrute aussi bien les nobles que des paysans. Le clergé, la bourgeoisie des affaires et les fonctionnaires, ainsi qu'une partie des paysans, en sont exemptés. Les soldats serviront leur patrie toute leur vie et nul ne pourra devenir officier sans avoir été soldat auparavant. Ce sera la plus importante armée d'Europe : 200 000 hommes, 100 000 Cosaques et mercenaires sans compter la marine.

LES STRELTSY,
régiment de mousquetaires créé par Ivan IV, s'opposent à Pierre et se révoltent en 1698, pendant que le jeune tsar est encore à l'étranger. Rentré de toute urgence, il est impitoyable et fait décapiter de nombreux streltsy.

Les Samoyedes, (ci-dessus et ci-contre), l'un des nombreux petits peuples de Sibérie, sont surtout installés entre l'**Ienisseï**, grand fleuve sibérien et la **mer de Kara**. Pasteurs nomades, aguerris au rude climat de la région, ils vivent de la vente des fourrures de leurs troupeaux. Ils ignorent tout des paysans russes, comme ceux de la riche province céréalière de **Kalouga** (paysanne à gauche) au centre de la Russie. Là, bien que souvent jugée barbare par les étrangers venus d'Europe, leur culture présente bien des traits communs avec celle d'Occident. Les grandes fêtes chrétiennes y ponctuent le rythme des saisons où les étés chauds alternent, sans grande transition, avec des hivers rigoureux.

Sous Pierre le Grand, la Russie est devenue un vaste empire, à la fois européen et asiatique, qui s'étend d'ouest en est, de la Baltique au Pacifique, et où coexistent des peuples d'origines et de cultures diverses. Sa partie occidentale est essentiellement slave, mais les Russes se distinguent des Ukrainiens, sujets du tsar depuis 1654, et des Biélorusses, ou «Russes blancs», de l'Ouest, auxquels s'ajoutent, après 1709, les nouveaux sujets baltes intégrés à l'empire qui maintiennent leurs coutumes. Dans sa partie orientale, l'empire est composé d'une mosaïque de peuples, fortement marqués par les invasions turques et mongoles. L'Empire russe commence à s'unifier par l'intermédiaire de l'administration mise en place sous Pierre le Grand.

Bien que les communications dans l'empire ne soient pas encore très développées, il existe dès la fin du Moyen Age des lieux de rencontre entre les différents peuples. Ce sont surtout les **grandes foires**. La plus célèbre, celle de Kazan, est transférée, au XVe siècle, dans la province de **Nijni-Novgorod**, près du monastère de **Saint-Macaire**. C'est en échangeant des fourrures, des chevaux, de l'ambre que les populations apprennent à se connaître. Le côtoiement des ethnies influence en partie la politique du souverain. Pierre préconise ainsi les mariages entre Ukrainiens et Russes afin de faciliter l'intégration des premiers à l'empire. Au cours de son règne, les réformes administratives dans les différentes régions renforcent le contrôle de Moscou sur l'ensemble du pays, mais c'est surtout dans les anciennes provinces frontalières que les nouvelles mesures sont ressenties. Ainsi les Cosaques du Don, tout en conservant leur autonomie, sont soumis à des mesures contraignantes.

Toungouse, population de Sibérie orientale.

L'Inde et la Chine impériales

Les premiers Occidentaux parvenus en Extrême-Orient arrivent sous l'occupation mongole. La «pax mongolica» facilite surtout l'accès des marchands, tel le plus célèbre d'entre eux, le Vénitien Marco Polo. Le récit de son voyage – le «Livre des Merveilles» – connaît une grande répercussion dans l'Europe du XIIIe siècle. On imagine des terres fabuleusement riches alors que tout lien avec celles-ci a été coupé. Ce mythe constituera un puissant ressort pour amorcer plus tard les Grandes Découvertes.

LES EMPEREURS MOGHOLS, maîtres de l'Inde du Nord de 1526 à 1858, se réclamaient du prestigieux héritage timouride, puisqu'ils descendaient, par le premier d'entre eux, **Baber**, de **Gengis Khan** et de **Tamerlan**. Durant plus de trois siècles, ils marqueront l'Inde d'une empreinte originale et la doteront d'une civilisation brillante, où les éléments hérités de Perse et d'Asie centrale se marieront avec bonheur aux traditions de l'Inde hindoue. La puissance britannique mettra fin à cet empire.

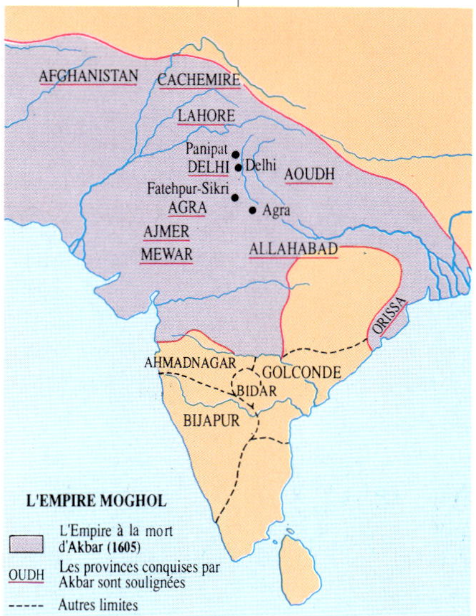

L'Empire moghol

Les royaumes musulmans de l'Inde – comme le sultanat de Delhi – n'ont jamais eu une extension territoriale ni une puissance politique comparables à celles que connaîtra l'Empire moghol. La victoire du Moghol Baber à Panipat (1526) sur Ibrahim Lodi du sultanat de Delhi lui ouvre les portes de l'Inde du Nord. Mais son fils Humayun (1530-1556) essuie des revers militaires. En 1544, il doit même s'exiler en Iran, à la cour du shah, et attendre le moment propice à la reconquête de son royaume. Son fils, Akbar (1556-1605), empereur à l'âge de 13 ans, est l'un des plus grands souverains de l'Inde moghole. Il agrandit considérablement l'empire et affirme sa souveraineté : de 1568 à 1592, il prend Chittor, capitale du Mewar (Rajasthan actuel), annexe le Gujerat, le Bengale, le Cachemire, le Sind et l'Orissa. Monarque éclairé et tolérant, il entreprend des réformes administratives qui contribuent à faire de l'Inde moghole une civilisation éclectique et brillante, où les diverses religions coexistent en relative harmonie. Soucieux de favoriser la compréhension entre hindous et musulmans, il fait traduire en persan les grands textes classiques de l'Inde brahmanique – «Mahabharata» et «Ramayana» – et abolit la «jizya», un impôt impopulaire qui frappait les sujets non musulmans de l'empire.

Le tombeau de l'empereur Humayun, élevé par **Akbar** à Delhi, ci-dessous, est un bel exemple de l'architecture timouride de Perse et d'Asie centrale, que les Moghols introduiront en Inde. Humayun, qui avait dû s'exiler quelque temps à la cour du shah de Perse (Iran), invitera à le suivre en Inde deux maîtres persans renommés, qui initieront les artistes moghols à l'art de la miniature persane. L'emprise de la culture persane est profonde sous les règnes des premiers empereurs moghols ; la langue officielle et administrative de l'empire sera, du reste, le **persan**. Les Moghols, cependant, sont des musulmans **sunnites**, et non point **chiites** comme leurs voisins, les **Séfévides**, qui règnent alors en Iran. Les Moghols marqueront l'Inde du Nord au sceau d'un islam tempéré.

Le «Baber-nama» Homme d'action, excellent stratège, redoutable chef de guerre, l'empereur **Baber** est également un humaniste et un homme de lettres et l'auteur de «Mémoires» universellement célèbres, le «Baber-nama». Dans cet ouvrage rédigé en turc, Baber relate ses conquêtes et les faits d'armes qui lui ouvrirent les portes de l'Inde, mais il décrit aussi avec une précision remarquable la flore et la faune de l'Inde, si différentes de celles de l'Asie centrale, dont il est originaire. Quelque soixante ans après la mort de Baber, son petit-fils l'empereur Akbar fera traduire en persan le «Baber-nama» et donnera l'ordre aux artistes de sa cour d'illustrer très fidèlement le manuscrit (ci-contre). Baber a également la passion des jardins plantés d'arbres fruitiers – symboles de vie et de fertilité – et irrigués d'eaux vives ; il en fait aménager plusieurs dans l'Inde, conçus suivant le modèle persan – **«chahar-bagh»** –, où le jardin est symétriquement divisé en quatre parties.

Au croisement des allées, des plates-formes en pierre permettent à l'empereur de contempler son jardin.

Baber (1483-1530) est le fondateur de l'Empire moghol des Indes. D'origine turco-mongole, né à Ferghana en 1483, après la victoire de Panipat en 1526, il prend les villes de **Delhi** et d'**Agra**.

Fatehpur Sikri
Non loin d'Agra, la capitale impériale, l'empereur Akbar fait bâtir la «Ville de la Victoire», Fatehpur Sikri (en bas),

où il réside avec sa cour de 1571 à 1585. Taillée dans le grès rouge provenant des carrières de la région, cette cité déploie aujourd'hui encore, admirablement conservés, ses bâtiments au style éclectique, qui constituent une synthèse originale de l'architecture hindoue et musulmane. Dans la «Maison de l'Adoration», – **Ibadat Khana** –, Akbar, que passionnent les questions religieuses et qui nourrit un rêve d'unité entre hindous et musulmans, a coutume de réunir les adeptes des différentes religions représentées dans son empire – hindous, musulmans, parsis, jaïns, juifs, missionnaires jésuites… – afin qu'ils participent en sa présence à des discussions philosophiques souvent fort animées. En 1585, Akbar, qui souhaite mener campagne contre les tribus afghanes et annexer le **Cachemire**, abandonne Fatehpur Sikri pour faire de **Lahore**, située plus au nord, la nouvelle capitale de l'empire. Le règne de l'empereur Akbar et les nombreuses réformes qu'il promulgue sont consignés par son ministre et biographe, **Abu'l Fazl**, dans l'**«Akbar-nama»** – manuscrit illustré par les peintres de cour.

Les Rajputes – clans guerriers de confession hindoue – s'opposent aux armées mogholes. En février 1568, l'empereur Akbar prend la forteresse de **Chittor**, un bastion rajpoute. Les femmes, recluses dans la citadelle, préfèrent se brûler vives plutôt que de connaître la captivité et le déshonneur.

La peinture moghole, fortement influencée à ses débuts par les modèles persans, tendra vers un réalisme ostensible dès l'époque d'Akbar. Les gravures européennes apportées à la cour moghole par les missionnaires jésuites – que les peintres de l'atelier impérial, à la demande d'Akbar, copieront ou adapteront avec plus ou moins de liberté – contribueront pour une large part à cette nouvelle orientation esthétique, en révélant aux artistes indiens le sens du volume et du modelé, ou encore les effets de perspective.

L'art de la miniature

Les deux maîtres persans Mir Sayyid 'Ali et 'Abd us-Samad, qui avaient suivi l'empereur Humayun en Inde, sont les premiers directeurs de l'atelier impérial de peinture – «kitab-khana» –, fondé par Akbar au début de son règne. Ce dernier jouera un grand rôle dans l'élaboration d'un style pictural moghol original par rapport aux traditions esthétiques de Turquie ou d'Iran. L'empereur incite ses artistes à tendre vers un réalisme certain et à s'affranchir progressivement des modèles persans. Dans cet atelier, des artistes de confession musulmane, mais également des hindous, travaillent de concert à l'illustration détaillée des manuscrits historiques et poétiques commandés par l'empereur. Ils livrent aussi des miniatures «isolées» figurant portraits et scènes de genre.

Les artistes, qui réalisent les miniatures à l'époque d'Akbar, sont de deux sortes : le maître chargé de la composition et du dessin – **«tarkh»** – et l'artiste chargé de la mise en couleurs – **«'amal»**. Parfois un artiste chevronné est chargé des seuls portraits. Cette division du travail favorise la production massive des manuscrits. Elle est abandonnée au XVIIe siècle. Les peintres ont dès lors une œuvre plus personnelle et plus aboutie.

Les artistes moghols travaillent aussi avec virtuosité le jade – la néphrite –, le cristal de roche – souvent incrustés de pierres semi-précieuses –, afin de confectionner des objets décoratifs ou utilitaires.

La technique
Avant de commencer la miniature, le papier est bruni et les pigments

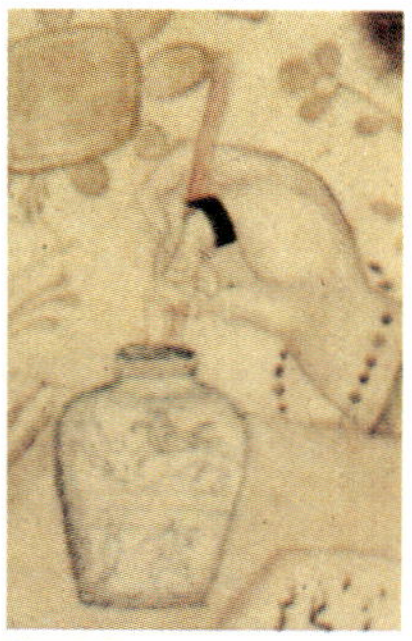

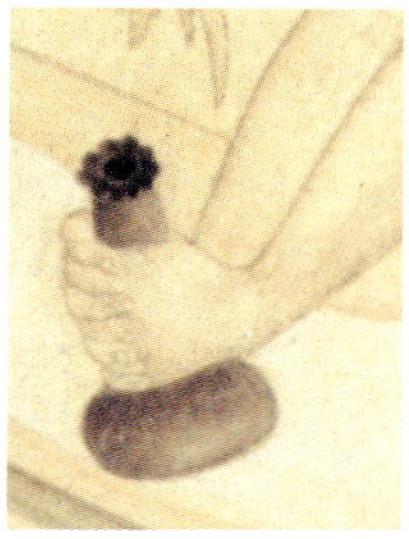

minéraux ou végétaux réduits en poudre. La surface peinte de la miniature achevée est polie à la bille d'agate, ce qui permet de fixer les couleurs et confère à l'œuvre un aspect émaillé.

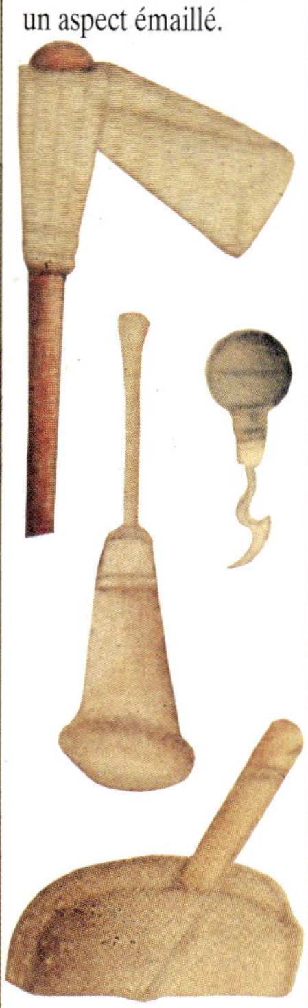

L'EMPEREUR AURANGZEB (1658-1707), dernier des Grands Moghols. Les empereurs qui lui succéderont seront pour la plupart dénués d'envergure politique, indolents ou corrompus. Marqué par une politique d'intolérance religieuse à l'encontre des hindous, le règne d'Aurangzeb voit néanmoins la conquête du **Deccan** par les armées mogholes et la chute des sultanats de **Bijapur** et de **Golconde** en 1686 et en 1687. Le morcellement de l'Empire moghol commencera dès la mort d'Aurangzeb.

LE TAJ MAHAL Ce mausolée de marbre blanc élevé de 1631 à 1642 par Chah Djahan à la mémoire de son épouse **Mumtaz Mahal** – morte en donnant le jour à son quatorzième enfant – est le chef-d'œuvre de l'architecture moghole. Son décor floral raffiné est en pierres semi-précieuses incrustées dans le marbre.

L'apogée des Grands Moghols

Sous les règnes des empereurs Djahangir (1605-1627) et Chah Djahan (1628-1658), l'Inde moghole brille de tous ses feux. Les deux souverains mécènes encouragent les travaux des artistes impériaux dans les domaines de la peinture, des arts décoratifs, des textiles et de l'architecture. Mû par son amour des pierres précieuses et son goût du faste, Chah Djahan fait construire, entre 1628 et 1635, le célèbre «Trône du Paon», serti de gemmes, sur lequel siégeront les empereurs moghols pendant près d'un siècle.

L'AGE D'OR DE LA GRANDEUR MOGHOLE Au XVIIe siècle, les règnes des empereurs **Djahangir** et **Chah Djahan** marquent l'apogée d'un empire puissant, prospère et opulent. La magnificence et les fastes de la cour des Grands Moghols – décrits par les voyageurs européens qui s'étaient rendus dans l'Inde à des fins diverses, tels **Bernier**, **Tavernier** ou **Thévenot** – fascinent les imaginations occidentales. **Jean de La Fontaine** donnera pour titre à l'une de ses fables **«Le Songe d'un habitant du Mogol»**, cependant que les peintres **Schellinks** et surtout **Rembrandt** (ci-dessous) s'inspirent à l'occasion de miniatures représentant les empereurs moghols. Au XVIIe siècle, les peintres de cour réalisent des portraits allégoriques des empereurs, qui exaltent leur puissance et leur munificence, afin d'impressionner les souverains voisins.

Le songe d'un habitant du Mogol

Mais Chah Djahan est déposé par son fils Aurangzeb (1658-1707), musulman rigoriste et intransigeant, qui éprouve du désintérêt, voire de l'hostilité, pour les beaux-arts. Sous son règne, qui voit néanmoins l'extension de l'empire, l'art moghol commence à décliner et les artistes se mettent en quête de mécènes hors de la cour et même de la capitale. Le déclin amorcé sous le règne d'Aurangzeb se poursuit au XVIIIe siècle. En 1739, le sac de la capitale impériale, Delhi, par le Turcoman Nadir Chah porte un coup sévère au pouvoir moghol et prive la grandeur moghole d'une grande partie de ses richesses, cependant que s'accentue la montée en puissance des Britanniques.

CHAH DJAHAN
Son règne est l'un des plus fastueux de l'Inde moghole. Passionné d'architecture, l'empereur fait élever dans les cités impériales des bâtiments d'une imposante majesté : le Taj Mahal, mais aussi les forts d'Agra et de Delhi. L'empereur a en outre un goût immodéré pour les pierres précieuses. Joailliers et lapidaires affluent en grand nombre à sa cour, de tout le monde oriental, mais également d'Europe, tels les Français **Austin de Bordeaux** et **Tavernier**.

LA DOMINATION BRITANNIQUE
Venus en Inde au début du XVIIe siècle pour s'y livrer au commerce, et bénéficiant de privilèges particuliers, les Britanniques devinrent rapidement la puissance montante. En 1757, la victoire de **Plassey** remportée par **lord Clive** sur le **«nawab» du Bengale** assure la domination britannique sur cette région de l'Inde, qui sera le cœur du futur **empire des Indes britanniques**. En 1722, déjà, la **Compagnie anglaise des Indes Orientales** entreprend de sa propre initiative de collecter les revenus, outrepassant ainsi la volonté de l'empereur moghol. Mais, ce sera la révolte des **cipayes** qui sonnera le glas de l'Empire moghol un siècle plus tard.

LA RÉVOLTE DES CIPAYES, c'est-à-dire des troupes indigènes de l'armée anglaise des Indes, éclate le 10 mai 1857 à **Meerut**, à la suite de la distribution par les Britanniques de cartouches enduites pour certaines de suif de vache et pour d'autres de graisse de porc. Or, la vache est un animal sacré pour les hindous, et le porc un animal considéré comme impur par les musulmans. Trois bataillons de cipayes se révoltent contre leurs officiers et massacrent la population européenne de la ville. Le lendemain, les mutins s'emparent de **Delhi**, puis de **Lucknow**, **Cawnpore** et **Allahabad**. Les Anglais répriment dans le sang l'insurrection et, le 20 juin 1858, occupent le fort de **Gwalior**, dernier bastion de la rébellion des troupes indigènes. Le dernier empereur moghol, **Bahadur Chah II** (ci-dessus), qui avait accordé son soutien aux insurgés, est déposé par les Britanniques en 1858 et exilé à **Rangoon** (Birmanie). En 1876, la reine **Victoria** est proclamée **impératrice des Indes**.

La Chine des Ming

Les Mongols, après une conquête éclair de l'Empire chinois, succèdent à la dynastie chinoise des Song en 1279. Ils installent bientôt leur capitale à Dadu près de l'actuel site de Pékin et incorporent l'empire à leur domaine déjà immense. Leur joug implacable, toutefois, commence à être secoué à partir du milieu du XIVe siècle : une résistance nationale s'organise. Les Mongols sont chassés de Chine en 1368, et cèdent la place à une dynastie nouvelle, les Ming. Seize empereurs en 276 ans vont se succéder sur le trône concourant à créer un ordre pétri de traditions classiques. Durant ce laps de temps, il convient de distinguer trois phases d'une durée équivalente.

De cape et d'épée Sous les Mongols, les romans de cape et d'épée à épisodes multiples fleurissent dans les milieux populaires. Certains sont d'ailleurs repris par le théâtre et l'opéra. Sous les Ming, les imprimés accroissent leur diffusion. Des xylographies – gravures sur bois – en pleine page rendent encore plus captivants les moments forts du texte.

Les graveurs excellent particulièrement dans la représentation des scènes de bataille. Ces images vont constituer une source inépuisable d'inspiration pour les potiers. Tel ce guerrier (ci-dessus) lancé à vive allure avec son arme pointée en avant extrait d'un détail d'une potiche émaillée du milieu du XVIe siècle.

Bouteille à alcool (milieu du XIVe siècle). Elle est recouverte d'un splendide revêtement en bleu de cobalt lumineux et profond. Sur la panse du vase a été silhouetté en blanc le dessin énergique d'un dragon à trois griffes, saisi dans le mouvement tournant de sa course infernale.

Portrait d'un jeune serviteur brossé avec quelques traits rapides sur une porcelaine blanche de la fin du XVe siècle. Le charme spontané de cette représentation tient dans la fraîcheur de l'esquisse.

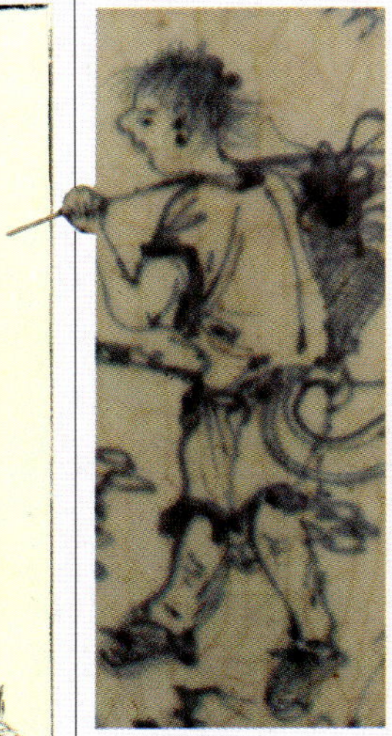

«Mille fleurs» Ce grand vase orné de pivoines, de chrysanthèmes, de camélias, de volubilis, etc. reste l'un des tours de force réalisé par les porcelainiers des ateliers impériaux au milieu du XVIIIe siècle. En raison de la richesse de son décor et de la variété de ses émaux, ce genre est connu sous le nom de «mille fleurs».

Les Mongols
Le souverain mongol Kubilay Khan est représenté à cheval en compagnie de huit autres personnages, tous s'adonnant à la chasse munis d'arcs et entourés de faucons et de chiens. Au loin passe une caravane. L'œuvre peinte sur soie à l'encre est rehaussée de couleurs intenses. Elle est signée de **Liu Guandao** et datée de la seconde lune de 1280. Conservée depuis toujours dans les collections impériales, elle témoigne clairement de la personnalité des nouveaux envahisseurs de la Chine : un peuple chevaleresque féru d'exercices violents et de grands espaces.

Pendant le premier siècle Ming, un système étatique autoritaire et centralisé, reposant sur l'agriculture, est instauré. Hongwu (1368-1398), fondateur de la dynastie, reconstruit le pays et entreprend une politique de reboisement. Les missions de Zhenghe (1405-1433), dotées de puissants vaisseaux armés – les «haichuan» pouvant embarquer jusqu'à 600 personnes –, permettent à la Chine de nouer des liens diplomatiques et commerciaux profitables avec les ports du golfe Persique et l'Afrique orientale. L'empire devient ainsi une «superpuissance» qui domine les océans. L'empereur Yongle (1402-1424) élève Pékin au rang de capitale à la fin de son règne. La longue remise en état du grand canal explique le lent transfert du gouvernement et de la cour de Nankin à Pékin. La nouvelle capitale est comme le cœur d'une immense machine que le grand canal relie aux terres à blé du Nord et aux bassins à riz du Sud. L'empire, unifié dans la même main autoritaire, se trouve ainsi prémuni contre les tentatives de division. Au second siècle Ming (1450-1550), cet absolutisme doit affronter des rivalités internes et résister à des agressions étrangères. Après un bref redressement au troisième siècle Ming (1550-1644), la corruption, puis la prise de Pékin en 1644 et le suicide du dernier empereur précipitent la fin de la dynastie des Ming. Les nouveaux détenteurs du pouvoir, de souche mandchoue, prennent le nom de dynastie Qing (1644-1911). D'origine nomade, ils n'en étaient pas moins installés dans le Nord-Est depuis plusieurs siècles. Après avoir traqué les derniers résistants, ils décident de s'adapter à la culture chinoise. Ainsi dès 1656 ils vont rouvrir les concours officiels de recrutement montrant leur volonté de réconciliation.

Les «treize tombeaux Ming», mis en chantier dès 1409, occupent une superficie de 40 km² près de Pékin. Les mausolées sont disposés de part et d'autre d'un axe dit «Chemin divin». Cette voie de plus de 6 km épouse un tracé sinueux conçu par des géomanciens. Après avoir franchi un arc de triomphe en marbre blanc édifié vers 1550, on pénètre dans un périmètre sacré. Le premier obstacle est une porte rouge bâtie en 1425. Une stèle indique que son passage est réservée à la bière des souverains. Sur les bas-côtés, des salles permettent de revêtir l'uniforme du deuil. Plus loin se déroule l'avenue des 36 sculptures monumentales : il s'agit de douze personnages – ministres, généraux et gouverneurs – suivis d'animaux réels ou mythiques. Chaque nécropole a une enceinte particulière. Elles ont chacune le même plan : un pavillon de la stèle, qui donne l'identité du défunt, un triple pont, un ensemble de salles de prière, un autel et enfin le tumulus avec son palais souterrain qui protège la dépouille. Certains bâtiments sont imposants. La salle de prière du tombeau de **Yongle** a une façade de plus de 66 m. Les 60 colonnes qui portent son toit, hautes de 14 m et dressées en 1412, sont toujours intactes. Son palais souterrain est aussi colossal et rempli de trésors.

L'esprit scientifique
Le recrutement par examen de l'élite gouvernementale stimule la science et la recherche. A la suite des missions de **Zhenghe**, d'importants ouvrages de géographie paraissent. La céramique, les laques, le bronze et bien d'autres techniques sont l'objet d'études encyclopédiques. Leur large diffusion assurée par l'imprimerie accroît le nombre des lettrés. Les sciences exactes – astronomie, médecine et pharmacopée – et les techniques sont les plus prisées.

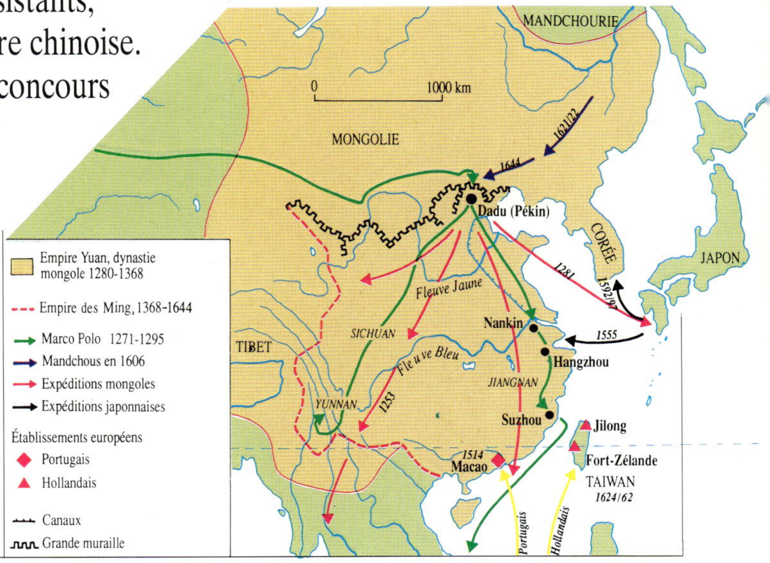

Pékin

La nouvelle capitale, géographiquement excentrée, est à faible portée des envahisseurs venant des steppes. De sa sécurité dépend la survie de l'empire, elle se doit d'être dotée d'un puissant système de fortifications. Dans les traditions de l'Empire céleste, avant de procéder à la construction d'une ville, des géomanciens en déterminent l'emplacement. Ce sont des sortes de devins qui analysent les courants terrestres et décident des sites favorables. Ainsi ils situent la cité Ming un peu au nord de l'ancienne Dadu mongole.

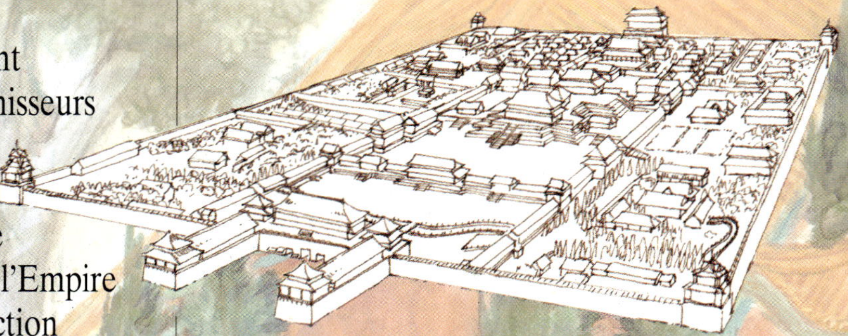

La Cité interdite et la ville, traversées par un axe triomphal sud-nord, sont en adéquation avec le cosmos, car elles sont carrées comme la Terre, selon les Chinois. L'axe dessert les palais qui ont chacun une terrasse de marbre blanc, une colonnade laquée rouge et une toiture vernissée jaune. L'empereur, écho du souverain qui règne sur l'univers, réside dans des appartements privés moins solennels.

Scene de cour L'empereur, entouré de dignitaires, prend le frais dans les jardins de son palais.

Les métiers de la rue Le forgeron, le libraire ambulant, le barbier, le coiffeur, les marchands de légumes ou de soupe et l'écrivain public s'affairent, tandis qu'un couple aisé circule dans un véhicule à une roue poussé par un serviteur.

La ville, édifiée à partir de 1403, est un rectangle fortifié de 5,5 km, d'est en ouest, sur 5 km, du nord au sud. Appelée la «ville tartare», elle est réservée à l'aristocratie.

Régulière comme un échiquier, chacun de ses quartiers est un dédale de ruelles étroites, bordées de façades basses et grises aux seuils rouges. Les maisons ont au plus deux étages et s'imbriquent selon un réseau de cours fraîches et boisées. Dès 1424, la «ville chinoise» au plan désordonné lui est adjointe, elle est vouée au commerce.

Kangxi s'intéresse aux sciences européennes. Pendant son règne, le laboratoire d'astronomie de Pékin fondé par les jésuites connaît son plein rayonnement. Doté des instruments modernes comme **la sphère armillaire**, le globe céleste, le **cercle à azimut** ou le **sextant**, il accomplit un précieux travail d'observation sous l'autorité de **Ferdinand Verbiest**.

L'empereur Kangxi

Avec l'accession au trône en 1662 de Kangxi (1662-1722), deuxième empereur de la dynastie des Qing, le ralliement des élites s'accélère. En effet, le déroulement annuel des examens permet le recrutement de jeunes cadres brillants, très vite dévoués au régime. Progressivement l'ancienne classe dirigeante reprend sa place. La succession sans heurt de trois grands monarques – Kangxi, son fils Yongzheng (1723-1735) et son petit-fils Qianlong (1735-1795) – assure à la Chine plus de 130 ans de stabilité et de paix relative accompagnées d'une expansion territoriale sans précédent.

Kangxi mène des voyages d'inspection à travers l'empire (haut). Son petit-fils **Qianlong** poursuit cette tradition. Il alterne les tournées d'inspection dans le Sud et les chasses dans le Nord (bas).

Kangxi, homme d'équilibre au tempérament vigoureux et à l'éthique austère, conduit son pays vers une seconde renaissance intellectuelle. Les Qing, comme leurs prédécesseurs, font rédiger l'histoire dynastique – le «Mingshi» –, dès 1676. Plus tard, l'encyclopédie «Gujin tushu jicheng», illustrée de 10 000 planches, explore tous les domaines du savoir. Mais la compilation la plus extraordinaire est le «Siku quanshu», censé répertorier toute la connaissance depuis les origines. Ces travaux révèlent le souci d'établir des bilans avant une nouvelle mutation.

Qianlong, empereur érudit et peintre, imite les modèles classiques, plus épris de virtuosité que de création. Il accumule les œuvres d'art dont il fait dresser les catalogues, et entreprend des projets architecturaux inspirés du baroque européen.

La vie sous les Qing

Dans la seconde moitié de son règne, Qianlong met un frein à ses extravagances artistiques et architecturales, car l'empire connaît une grave crise économique due à un accroissement démographique considérable. Pourtant, depuis plus d'un siècle, la Chine était entrée dans une ère de prospérité. L'agriculture, l'artisanat et le commerce avaient connu un essor sans précédent ; en effet, un cortège incessant d'ambassades occidentales s'était rendu à Pékin pour accroître les échanges commerciaux.

La porcelaine
La technologie chinoise de la céramique est étonnamment en avance sur le reste du monde. Depuis plusieurs siècles, la Chine a découvert le **kaolin** – la fameuse terre à porcelaine. A côté des grès rustiques qui sont en usage sur le reste de la planète, la Chine utilise et exporte cette matière blanche, solide, résistante et étanche, au revêtement doux et satiné. Depuis le XIVe siècle, elle sait décorer ces porcelaines à l'aide de couleurs sous **couverte** inaltérable, notamment le bleu de cobalt. Ainsi une véritable industrie céramique se met en place à **Jingdezhen**. Elle représente la première concentration industrielle de l'histoire.

Bassin en porcelaine de forme persane datant du XVIIIe siècle à décor bleu cobalt.

La technique de la porcelaine
La pâte à porcelaine est piétinée par des buffles (ci-contre, en haut), c'est le **marchage**. Ensuite les objets sont montés à l'aide d'un tour (à droite) puis enfournés et cuits une première fois (à gauche). Après quoi, ils sont décorés d'émaux et cuits une seconde fois à plus basse température (ci-contre, en bas).

Après la seconde cuisson, il ne reste plus qu'à emballer les objets de porcelaine dans des paniers pour les expédier.

Comparativement à l'Europe, le paysan chinois sous Kangxi vit beaucoup mieux que son homologue français sous Louis XIV. La terre est plus équitablement répartie. Les sols sont mieux aménagés, avec des systèmes d'irrigation en bon état. Les assolements sont très au point et le paysan chinois sait faire alterner les cultures complémentaires, comme les nouvelles plantes venues d'Amérique. Les semences sélectionnées offrent de fructueux rendements. Enfin l'engrais est en usage, et les serres dans les zones froides autorisent des récoltes de primeurs. A cela le paysan ajoute le profit qu'il tire de sa basse-cour. Ce surcroît agricole a une incidence directe sur les

échanges commerciaux et favòrise le développement de l'artisanat. Les plantations de thé deviennent lucratives, une nouvelle clientèle lointaine et fortunée apparaît : l'aristocratie européenne. Celle-ci réclame aussi de nombreuses pièces de porcelaine. Le Sud, et plus spécialement les provinces du Jiangxi, du Fujian et la région de Canton, travaillent pour ce marché. Les ateliers sont organisés sur le modèle industriel, la production est convoyée depuis les centres de production par canaux. Les prix sont négociés dans les comptoirs de Canton et d'importantes cargaisons quittent

annuellement les ports. D'autres régions produisent pour l'exportation : le centre et notamment les zones séricicoles autour de Nankin ou de Suzhou qui tissent des soieries dont la science des croisures supplante tout ce qui se fait ailleurs.

Les lettrés ont une place importante dans la société Ming, mais bien souvent, ils ne peuvent exercer pleinement leur talent. Les XVIe et XVIIe siècles sont surtout marqués par la lutte opposant les eunuques du palais et les lettrés. Certains parmi ces derniers, rebutés par ces vaines querelles, quittent la vie publique et se retirent entre amis dans des cercles choisis, autour de cités culturelles comme **Hangzhou**, **Suzhou**, **Wuxi** ou **Yangzhou** dans le **Jiangnan**. De ces clubs privés émaneront un art et une littérature spécifiques. La peinture monochrome représentant des paysages, la calligraphie, la poésie, l'art des jardins revêtent alors un charme inégalé où se mêlent avec habileté tradition et innovation.

Cette peinture (ci-dessous) illustre ce courant créateur. Elle est due à **Shitao**, le plus célèbre artiste du XVIIe siècle qui vécut en ermite, fuyant les persécutions des Qing à l'encontre des anciens lettrés Ming. Son style à la fois libre et vigoureux sera repris au siècle suivant.

Les Européens, sous les Ming, sont interdits en Chine, même après l'arrivée des navires portugais au début du XVIe siècle. Toutefois, le père jésuite **Matteo Ricci** est admis à la cour vers 1600. Il instruit des proches de l'empereur. Plus tard, des jésuites se mettent au service de Kangxi : quatre églises sont construites à Pékin. Scientifiques et artistes européens sont bien en cour, tel **Giuseppe Castiglione**, peintre de Qianlong – recevant des chevaux (ci-dessus) –, auprès duquel, les ambassades étrangères se multiplient. Après 1800, les Européens arracheront des concessions qui vont progressivement déstabiliser l'empire.

L'expansion territoriale, la richesse économique et le haut niveau technique constituent autant de facteurs favorables au développement des ateliers officiels dans l'enceinte du palais. Cette institution n'est pas nouvelle en Chine ; elle existe dès les premières dynasties. Les meilleurs ouvriers et artisans – bronziers, orfèvres, ébénistes, laqueurs, céramistes, tisserands, liciers et joailliers – s'activent dans ces ateliers afin de pourvoir aux besoins du palais en mobilier, vaisselle, uniformes et objets culturels. Ils réalisent de véritables chefs-d'œuvre à la demande d'une cour fastueuse. L'usage de matières précieuses et une exécution raffinée sont les deux exigences de cette production. A partir des années 1680, sous l'impulsion de nouveaux directeurs, les artistes renouvellent le langage décoratif, par l'apport de matières ou de techniques européennes comme le verre, le chlorure d'or, le blanc d'arsenic, les émaux sur cuivre, la peinture sous verre, l'eau-forte, etc.

La «chinoiserie» Le rayonnement de la culture chinoise, les communications plus aisées, les récits de voyages et les exportations de denrées vers l'Europe entraînent un véritable engouement pour la «chinoiserie». A partir de 1680, nombreuses sont les cours européennes qui veulent imiter la Chine. C'est l'époque où Versailles construit son **«Trianon de porcelaine»** et Berlin, son **«Pagotenburg»**. Les meubles sont rehaussés de panneaux de laque venus de Chine, les cheminées s'ornent de **magots** chinois, en bronze doré, de style rococo, et les liciers tissent des tentures aux Chinois...

Le peintre français **Jean Pillement** décore les intérieurs européens avec des silhouettes frêles et colorées de Chinois d'opérette.

Les pionniers de l'Amérique

Le «Mayflower»
Persécutés, des puritains anglais s'étaient réfugiés en Hollande, avant d'obtenir une licence de la Compagnie de Virginie. Trente-cinq rejoignent des aventuriers sur un vaisseau de 180 tonneaux, dont on voit ici une représentation. Débarquant par accident trop au nord, ils perdent la licence de la Compagnie.

Le 21 novembre 1620, 102 colons débarquent sur la côte, au nord de la Virginie, première colonie anglaise en Amérique du Nord. Ils fondent la ville de Plymouth, nom du port anglais qu'ils ont quitté en septembre. On les appellera les «Pères pèlerins» – en anglais «Pilgrim Fathers» –, mais aussi les «Pères fondateurs» – «Founding Fathers». La moitié d'entre eux meurent du scorbut dans l'hiver qui suit leur installation. Pourtant la Nouvelle-Angleterre est née.

Sur la poupe du bateau se dessine fièrement l'une des fleurs de mai : «mayflower».

Les Européens au Nouveau Monde

L'histoire de la colonisation des futurs Etats-Unis d'Amérique ne commence pas avec les Pilgrim Fathers. Les Espagnols ont déjà débarqué en Floride en 1513 et sont allés jusqu'en Californie. La tentative de fondation huguenote d'une Nouvelle-France protestante a échoué en Floride (1559-1564), et les Français se sont opposés aux Espagnols en Caroline. Les Hollandais ont eu la primeur de la côte nord-est. En 1614, ils fondent la Compagnie de Nouvelle-Néerlande. L'Angleterre, elle, installée de façon permanente depuis 1607 autour de Jamestown en Virginie, veut développer son commerce. Elle profite de ce qu'une partie de sa population, privée de terres, est attirée par la promesse de territoires vierges à exploiter. Elle voit aussi dans le Nouveau Monde l'occasion de se débarrasser de ceux qu'elle juge indésirables, délinquants ou opposants politiques. A ces émigrants économiques ou judiciaires s'ajoutent les victimes des persécutions religieuses.

THANKSGIVING DAY A leur arrivée, les pèlerins, qui avaient navigué pendant deux mois et demi sous la conduite des pasteurs **William Brewster** et **William Bradford** et du capitaine **Miles Standish**, tombent à genoux et remercient Dieu de les avoir conduits jusqu'à la «Nouvelle-Jérusalem». Pendant la traversée, les 41 chefs de famille à bord du «Mayflower» ont rédigé (21 novembre 1620) une **«Déclaration des Principes»** – «Mayflower Compact» –, qui leur sert de constitution politique. Après la première récolte, qui est excellente, la communauté décide de faire de l'anniversaire du débarquement une journée d'action de grâces et une fête, marquée par un grand repas, avec de la dinde, un volatile qui abonde dans le pays. La toile ci-dessus figure le premier «Thanksgiving Day», aujourd'hui jour férié, fixé au quatrième jeudi de novembre.

SQUANTO, Indien providentiel, apprend aux colons comment semer le maïs et pêcher : il sauve du désastre les pèlerins menacés par la famine.

Nouvelle-Angleterre, nouvelle monnaie. De bonnes espèces sonnantes : voilà qui symbolise bien l'activité d'une colonie !

LA NAISSANCE DE NEW YORK En 1624, des colons hollandais et wallons installent sur la pointe sud de l'île de **Manhattan** le comptoir de **Nieuw-Amsterdam**, composé de quelques dizaines de maisons, d'un petit fort et d'un moulin. En 1626, **Peter Minuit** (ci-dessous) achète l'île pour 60 florins aux Indiens. Mais leurs relations se gâtent, et, en 1644, les colons construisent une muraille qui deviendra **Wall Street**.

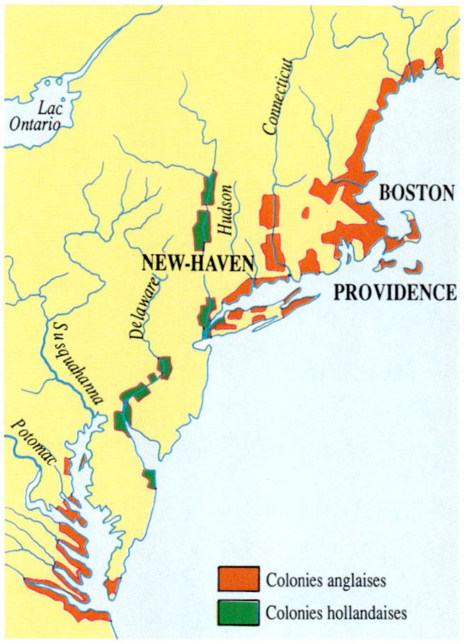

La colonisation hollandaise
Venus du plat pays, de **Wallonie** ou de **Frise**, de pauvres gens avides de terres et de fortune rapide fondent, sur l'**Hudson**, **Fort Orange** (aujourd'hui **Albany**,

Etat de New York) en 1623, et, en 1624, **Fort Nassau**, dans l'actuel Etat du Delaware. Nieuw-Amsterdam est rebaptisée New York en 1664, en l'honneur du duc d'York, frère du roi d'Angleterre, lorsque celle-ci s'empare de la colonie.

L'établissement ou «settlement»
Forts, maisons, fermes, églises, entrepôts... : les colons commencent par construire en bois, utilisant force rondins. Le **fort militaire** – la première construction d'un nouveau «settlement» – est une des pièces maîtresses du jeu politique, non seulement entre les nations colonisatrices, mais aussi entre colons et Indiens. Symbole de puissance pour les Européens, il doit impressionner l'ennemi, rassurer et protéger les colons, au début bien peu nombreux. Les tribus indiennes du Nord-Est connaissent déjà le principe du rempart car elles entourent chaque village d'une palissade. Ces forts n'abritent le plus souvent que de médiocres garnisons, mal équipées et mal ravitaillées. Ainsi les soldats français des forts les plus à l'ouest s'habillent comme les Indiens, vivent avec des **squaws**, font le commerce de la fourrure et se ravitaillent auprès des tribus avoisinantes.

John Smith
Les Anglais de l'époque élisabéthaine avaient baptisé «Virginie», en référence à la «Reine vierge», toute la côte entre la **Floride** et le fleuve **Saint-Laurent**. John Smith (v. 1579-1631), navigateur et colonisateur anglais, membre, puis président (1608) de la Compagnie de Virginie, créée en 1605, comprenant la Compagnie de Plymouth, chargée du Nord, et celle de Londres pour le Sud, fonde au nom du roi **Jacques Ier** la colonie de Jamestown (587 habitants en 1609) et explore toute la côte orientale de l'Amérique du Nord. Il donne le nom de **Nouvelle-Angleterre**, «New England», aux territoires s'étendant entre le 41e et le 45e parallèle (ex-Virginie du Nord), et dresse la carte de la côte. En 1616, il publie une histoire générale de la Virginie, où il donne sa version du conflit qui l'oppose à la confédération **Powhatan** – Indiens de la région qui, au début, ont approvisionné la colonie. Ceux-ci seront décimés par la variole. Quelques années plus tard, le tabac assurera la fortune de la Virginie.

Les puissances maritimes européennes fondent des comptoirs commerciaux, mais ne découvrent pas d'immenses richesses, comme l'Espagne lors de sa conquête des Empires aztèque et inca. Leur réussite viendra après bien des difficultés et des siècles de travail. Elles utilisent des formes modernes de financement. En investissant des capitaux à long terme dans les compagnies de développement, elles favorisent la croissance d'un commerce transatlantique bénéficiaire. Ainsi les colonies anglaises – Virginie, Massachusetts, Connecticut, Rhode Island (extensions de la colonisation puritaine), Maryland (où s'établissent après 1632 des catholiques anglais), Pennsylvanie, Carolines (fondées vers 1690), Géorgie (créée en 1732) – deviennent prospères, grâce à l'agriculture et au «commerce triangulaire» entre l'Europe, l'Afrique et l'Amérique.

Les Suédois
ne sont pas en reste. Leur «Compagnie du Sud» s'installe au **Delaware** en 1638 à **Fort Christina**. Ils en sont bientôt chassés par les Hollandais (1655). Ceux-ci succomberont aux Anglais, bien plus nombreux et installés à **Long Island**, quand leur gouverneur de l'île de Manhattan, **Peter Stuyvesant** se rendra avec ses 7 000 colons, en 1664.

Un coin de paradis

Le 23 avril 1701, l'Assemblée des Indiens Algonquins se réunit chez William Penn, gouverneur de la Pennsylvanie, pour signer un traité de cohabitation, de bonne intelligence et d'amitié sincère en vue d'établir un Etat fondé sur la liberté de conscience et l'égalité des droits entre les hommes. Ce rêve correspond à l'idéal d'une province et de ses fondateurs. La «Sainte Expérience» des quakers et mennonites est rendue possible grâce à la Charte accordée en 1681 par Charles II, roi d'Angleterre, à William Penn, devenu ainsi propriétaire de 120 000 km² de forêt, dite «forêt de Penn».

William Penn (1644-1718), prédicateur quaker, après une traversée cauchemardesque à bord du «Welcome», est accueilli par les Indiens et les colons qui l'ont précédé pour acheter de la terre aux Indiens Delaware – l'acte de vente du futur emplacement du manoir de **Pennsbury**, résidence de William Penn, fut signé le 15 juillet 1682. En 1683, est conclu, sous l'orme devenu légendaire, le «Grand Traité» de **Shackmaxon** – la «place des rois» – qui instaure la paix et l'amitié entre les colons et les Indiens. Auteur de cent quarante ouvrages, William Penn rédige la Constitution d'un Etat démocratique et libéral. En 1682, il fonde **Philadelphie** – la «cité de l'amour fraternel» – dont il a lui-même tracé les plans (en bas).

La Pennsylvanie fut-elle vraiment cet Etat idéal sans un seul crime de sang en soixante-dix ans ? La non-violence assura en tout cas la paix avec les Indiens.

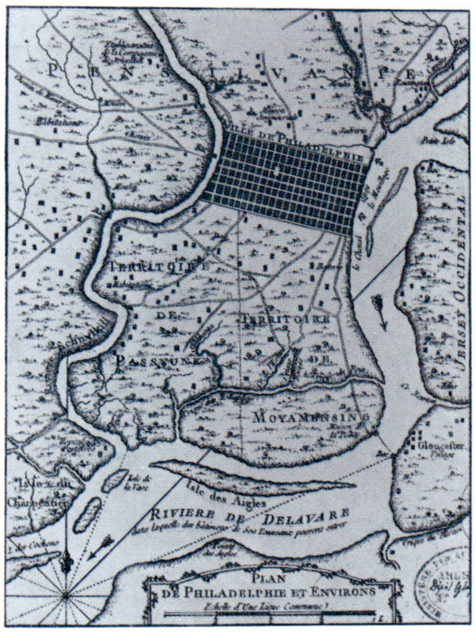

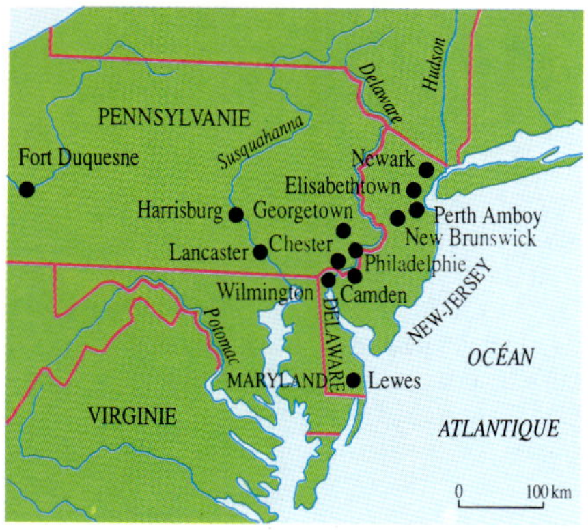

La Pennsylvanie, pays des persécutés
Secte fondée en 1647 en Angleterre par **George Fox**, la «Société des Amis» ou **«Quakers»** – de l'anglais «trembleurs», Fox ayant dit à un juge

de «trembler devant la parole de Dieu» –, privilégie la présence de l'Esprit saint dans la conscience individuelle. Issus en 1536 de **Menno Simonsz**, les **mennonites** hollandais, pour leur part, se conforment strictement à la Bible et rejettent le baptême.
Les quakers arrivent en Amérique dès 1657. George Fox va les réconforter en 1672, car ils y subissent des persécutions de la part des puritains dans le Massachusetts. Vêtus de leur costume caractéristique (ci-dessous), les «Amis» se tournent alors vers le New Jersey : venus du **Kent**, débarquent en 1677 les précurseurs de la **«Sainte-Expérience»** sur laquelle veille toujours la statue de William Penn.

Une culture disparue
S'il reste aujourd'hui quelques millions d'Indiens au Canada et aux Etats-Unis qui se battent pour la reconnaissance de leurs droits de «premières nations», seules des peintures peuvent encore évoquer la splendeur d'une époque révolue, comme celles de **George Catlin** (ci-dessous). Ce dernier entreprit en 1830 un grand voyage en pays indien et rapporta des tableaux et des dessins de ces peuples baptisés «Indiens» par Christophe Colomb, qui avait cru aborder aux Indes.

Les Indiens, victimes des colons

En découvrant le Nouveau Monde, les navigateurs européens rencontrent des hommes si différents d'eux-mêmes qu'ils se croient en présence de personnages mythiques ou, au contraire, de créatures proches de l'animalité. Par la suite, ces images paradisiaques ou infernales de bons sauvages ou de cannibales et ces préjugés raciaux se confirment sous l'influence de la religion et se renforcent en débouchant sur l'idée de ségrégation. Si les missionnaires catholiques dénoncent les mœurs «relâchées» des Indiens, les prédicateurs protestants voient dans leur mode de vie la preuve de la corruption de l'homme depuis la Chute – le péché originel. L'Indien devient à la fois l'Autre inquiétant ou méprisable et l'Ennemi.

Alors qu'ils sont le plus souvent accueillis avec une curiosité bienveillante, les colons se défient de ces tribus si étranges. Par le feu et par la poudre, ceux-ci vont étendre leur territoire, et les Indiens se défendre et se révolter. En 1622, les Powhatans font la guerre en Virginie. En 1675, les puritains se battent contre les Wanpanoags de Metacom, le «roi Philip». Plus grave encore sera l'extension aux Indiens des luttes d'intérêt et des conflits des Européens. Pour contrôler le commerce de la fourrure, les Hollandais arment les Iroquois, qui déciment les Hurons alliés des Français, avant de se retrouver seuls face à la France et à l'Angleterre au XVIIIe siècle. La guerre de Sept Ans en Europe mobilisera les alliés indiens des deux puissances, pour leur plus grand malheur. Les épidémies, provoquées par les maladies venues d'Europe, et l'alcoolisme sont d'autres fléaux qui viennent compléter ce sinistre tableau. La culture indienne entame alors sa longue agonie.

En 1831, le chef **Assiniboin Wi-jun-jun** – ce qui signifie «tête d'œuf de pigeon» –, revêtu ici de son costume traditionnel, se rend à Washington chez les Blancs.

L'histoire de Pocahontas
Au début de l'installation anglaise en Virginie – mais cette attitude sera à peu près semblable partout où débarqueront des colons –, les Indiens multiplient les gestes de bonne volonté à leur égard. En 1608, **Wahunsonacock**, chef de la confédération **Powhatan**, établie autour de Jamestown, offre sa fille Pocahontas, âgée de 12 ans, à **John Smith**. Cette histoire romanesque est l'épilogue provisoire d'un conflit né de la volonté farouche du subtil chef indien de ne pas se laisser réduire à l'état de simple sujet du roi d'Angleterre Jacques Ier. En décembre 1608, il capture John Smith et le fait traîner devant lui, la corde au cou. On prépare le bûcher, mais Pocahontas demande sa grâce. C'est en tout cas ce que John Smith racontera plus tard. La jeune fille servira d'intermédiaire diplomatique entre les Anglais et les Indiens, qu'elle renseigne sur la colonie. Pocahontas épousera en fait le planteur **John Rolfe** en 1614, et se rendra à Londres, où la reine Anne la reçoit en 1616, mais elle meurt de la variole à l'âge de 22 ans, laissant un fils, Thomas, né en 1615.

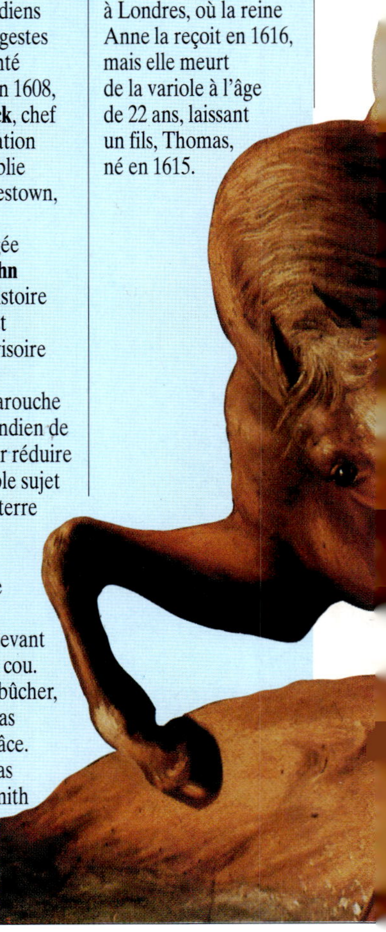

Le cheval, la plus noble conquête des Indiens
Au XVe siècle, les Européens introduisent le cheval en Amérique. Dans les plaines de l'Ouest, les Indiens le domestiquent rapidement, et, du **Mississippi** aux **Rocheuses** et du **Saskatchewan** au **Texas**, les **Sioux** chassent le bison. Une nouvelle civilisation indienne est née. Elle disparaîtra avec l'extermination des bisons et les guerres dues aux Blancs. Le cheval fait très vite partie de l'environnement de nombreuses tribus et joue un rôle de plus en plus important dans leur mode de vie. Rarement, il sert à enlever de jeunes femmes blanches. Celles qui sont capturées au cours d'affrontements, demeurent souvent dans les villages, respectées et intégrées à la communauté.

Les mariages mixtes : hommes rouges et femmes blanches, ou hommes blancs et squaws. Soucieux d'entretenir de bons rapports avec les colons, les Indiens ne reculent pas devant les rapports intimes. Parfois initialement bien disposées, les autorités européennes craignent vite que les immigrants ne deviennent des «sauvages». L'Eglise refuse le mariage à la manière indienne et n'accepte que les unions avec des Indiennes baptisées.

A
NARRATIVE
OF THE
CAPTIVITY, SUFFERINGS AND REMOVES
OF
Mrs. Mary Rowlandson,

BOSTON

Mais le concubinage se répand, surtout chez les Français. Certains trappeurs entretiennent plusieurs squaws dans différents villages. Ces couples font désormais partie de l'environnement social et culturel. Si les Indiennes s'accommodent de maris blancs qui les traitent mieux que ne le feraient leurs éventuels conjoints indigènes, les Indiens n'éprouvent guère d'attrait pour les peaux laiteuses : les mariages entre Blanches et Indiens restent rares. Plus nombreuses seront les Européennes captives, parfois adoptées par une famille indienne, comme **Mary Rowlandson**, qui, une fois libérée, raconte son expérience. Elle publie en 1682 le récit de ses six années chez les Indiens, premier des 311 récits de captivité recensés. Quant aux enfants blancs capturés, ils s'indianisent complètement, et ne peuvent se réadapter à leur milieu d'origine.

La métamorphose d'un chef
Après avoir contemplé la nouvelle Amérique, le chef Wi-jun-jun revient chez lui attifé d'étrange façon. Arborant chapeau et parapluie, il se dresse sur des bottes à talons hauts, marchant «comme un pourceau attelé». Cette transformation anecdotique symbolise le destin des Indiens au XIXe siècle. Si les immigrants sont d'abord fascinés par le mode de vie indigène, ils imposent vite leur civilisation et leur commerce. Avant même de reprendre, au cours de guerres atroces, le génocide commencé aux débuts de la colonisation, les colons brisent les coutumes ancestrales et modifient radicalement le mode de vie indien. Ainsi, les Indiens utilisent de plus en plus le fer pour remplacer leurs outils en pierre et leurs pointes de flèche en os. De même, le chaudron remplace petit à petit la poterie, et les couvertures, chemises et manteaux sont adoptés à la place des vêtements de peau. Surtout, les Indiens sont dépossédés de leurs terres – seuls les quakers de Pennsylvanie les reconnaissent comme légitimes propriétaires et leur achètent leurs terres.

La Nouvelle-France de Jacques Cartier

Le 20 avril 1534, après avoir fait leur testament et entendu la messe, les équipages de deux petits navires partent de Saint-Malo vers cette côte froide, semée de lacs et de rivières, que le Florentin Verrazano, mandaté par François Ier, avait baptisée, sans y pénétrer, «Nouvelle-France», en 1524. Equipés grâce aux 6 000 livres allouées par le roi, les bateaux et leurs soixante marins cherchent le mythique passage du Nord-Ouest vers Cathay (la Chine). Jacques Cartier s'engage alors dans la baie du Saint-Laurent. Il y revient en 1535 avec trois navires, la «Grande Hermine», la «Petite Hermine» et l'«Emerillon». Le 2 octobre, il arrive au village iroquois d'Hochelaga et appelle mont Royal la montagne qui le domine...

Le «découvreur du Canada»
Le Malouin **Jacques Cartier** (v. 1491-1557), si populaire outre-Atlantique, n'a qu'une seule statue à **Saint-Malo**. En trois voyages, il atteint l'un de ses objectifs : accroître le domaine de la foi et les possessions du «roi très chrétien» **François Ier**, qui a lancé ces voyages dans une région où Espagnols et Portugais ne sont pas présents. Cartier a trouvé, au lieu d'or, d'immenses terres cultivables.

Samuel de Champlain (v. 1567-1635) réalise le rêve de Cartier et de **Roberval** – créateur d'une colonie en 1542 qui ne dura qu'un hiver – en fondant une colonie au Québec en 1608. Allié aux Hurons, il organise la traite des fourrures et expérimente des cultures.

William Pitt (1708-1778), Premier ministre anglais, décide de porter la **guerre de Sept Ans** dans les colonies aux dépens des Français, qui perdent la Nouvelle-France (1763).

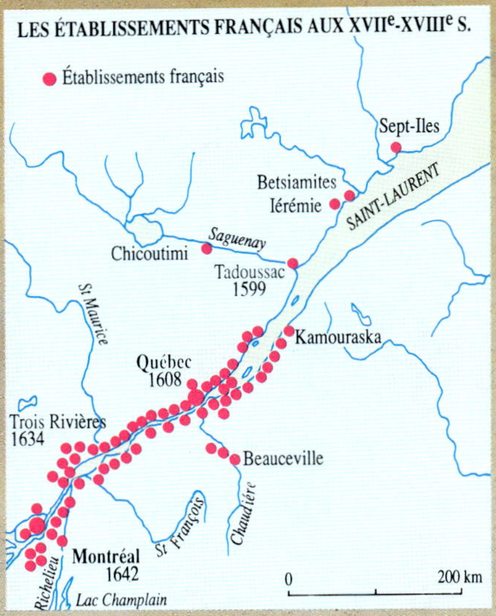

Stadacona, l'ancien nom de Québec
Cherchant le «Canada» – «cabane» en huron – et remontant le Saint-Laurent en 1535, Jacques Cartier retrouve près de **Stadacona** le chef des **Micmacs**, **Donnacona**, rencontré en 1534. En juillet 1608, Champlain installe à cet endroit un poste de traite pour le commerce des fourrures. La première maison en pierre date de 1624. En 1635, la Nouvelle-France compte... 150 hommes.

Ce «noble Indien» (ci-dessus) appartient à la nation des **Outaouais** (**Ottawa**), que Champlain vit en 1613, avant de passer l'hiver 1615-1616 chez les **Hurons**. En excellents termes avec eux, il fait visiter la France à des volontaires, alors que les missionnaires évangélisent les **Algonquins**.

Les Hébert et les autres

Installée à Québec en août 1617, la première famille canadienne est celle de Louis Hébert. Le premier mariage unit Guillemette Hébert à Guillaume Couillard en 1621. En 1663, la colonie compte 3 035 habitants dont 65 % concentrés dans la région de Québec, 15 % dans celle de Trois-Rivières et 20 % autour de Montréal. Ces «Laurentiens» occupent une étroite bande de terre divisée en fiefs selon le régime seigneurial.

La tragédie des Acadiens

Installée dès 1604 à **Sainte-Croix** et à **Port-Royal** en 1605, la France entreprend la colonisation de l'**Acadie** sur la côte orientale du Canada. L'Acadie, cédée à l'Angleterre en 1713, est rebaptisée Nouvelle-Ecosse. En 1755, les Anglais déportent 6 000 Acadiens qui refusent leur autorité (**«Grand Dérangement»**). Ils sont dispersés jusqu'en **Louisiane**. La lutte entre Anglais et Français se termine par la chute de Québec le 18 septembre 1759 et le traité de Paris, qui cède en 1763 toute la Nouvelle-France à l'Angleterre.

Cavelier de La Salle (1643-1687) descendit le **Mississippi** jusqu'au **golfe du Mexique** (1681-1682) après avoir exploré l'**Ohio** et les **Grands Lacs**. Un de ses compagnons l'assassina.

Le Moyne d'Iberville (1661-1706), fondateur de la colonie de Louisiane, construit le fort des Biloxi (en bas).

Jacques Marquette (1637-1675), à la fois missionnaire jésuite et explorateur, descend à partir de 1666 le cours du **Wisconsin**, puis le Mississippi, appelé alors **fleuve Colbert**, avant de remonter l'**Illinois**.

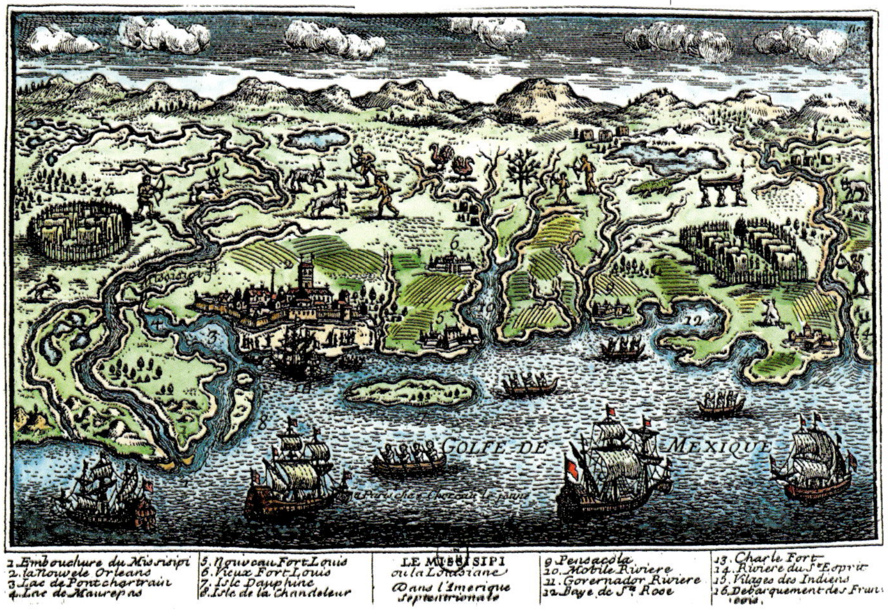

La Louisiane française

Pour empêcher les Anglais de prendre à revers les établissements du Saint-Laurent, les Français s'emparent de la voie du Mississippi vers 1682 et baptisent Louisiane ces nouveaux territoires en l'honneur de Louis XIV. La construction d'un établissement à l'embouchure pour contrôler le fleuve est décidée. Malgré bien des difficultés – marécages insalubres, pénurie de clous pour assembler les pieux qui pourrissent, épidémies – les pionniers, qui se nourrissent de bouillons de lard salé et se vêtent de peaux de chevreuil, édifient, sous la direction de Le Moyne d'Iberville, à partir de 1698, le fort Maurepas, ou des Biloxi, puis le fort Mississippi, ou la Boulaye, simples assemblages de troncs de cyprès et de roseaux, recouverts de feuilles et entourés de fossés.

Les Indiens de Louisiane
De nombreuses tribus vivent sur les rives du Mississippi : **Biloxi**, **Natchez**, **Chactas**, **Yatassés**, etc., au total 20 000 guerriers. Initialement en bons termes avec elles, les Français combattront surtout les **Alibamons**.

En 1702, sur la baie de la Mobile, est édifié le fort Saint-Louis-de-la-Mobile, de meilleure allure. En 1704, quatre-vingts maisons de bois abritent cent soixante-douze habitants armés et une garnison de huit officiers, soixante-douze soldats, quatorze officiers mariniers et matelots et quarante Canadiens. Le Moyne de Bienville, qui a succédé à son frère d'Iberville, comprend que l'avenir est à l'embouchure même. En 1708, il envoie cinq colons sur l'emplacement de la future Nouvelle-Orléans, qui, fondée en 1718, deviendra la capitale de la Louisiane. Français et Anglais entrent en conflit pour dominer les tribus indiennes de l'intérieur – Choctaws, Chikasaws, Cherokees – les Natchez se révoltent en 1729, et la guerre contre les Chikasaws commence ; elle durera jusqu'en 1752.

La guerre de Sept Ans entraîne de nouveaux combats franco-anglais. Après l'arrivée des Acadiens en 1755, la France cède la Louisiane orientale à l'Angleterre, l'occidentale à l'Espagne, mais conserve la Nouvelle-Orléans. Les colons français se révoltent contre le gouverneur espagnol, la France récupère la partie occidentale en 1802. Un an après, Bonaparte la vend 80 millions de francs aux Etats-Unis. Un Etat de Louisiane est créé en 1812 : les descendants des «Francos» y demeurent, ils ont semé des noms français dans tout le bassin du Mississippi.

L'alligator hante les **bayous** du «Père des fleuves» – les méandres abandonnés du Mississippi.

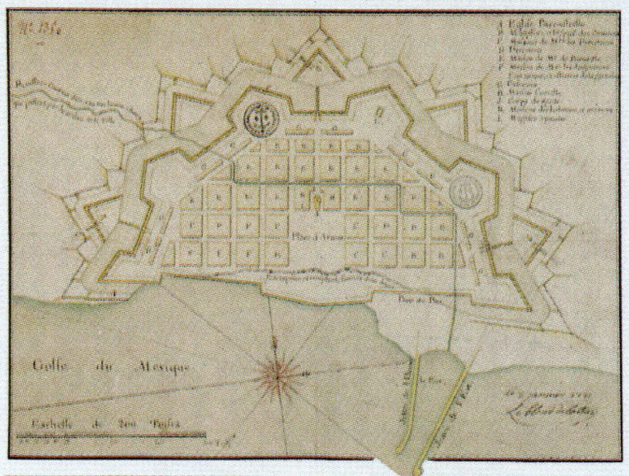

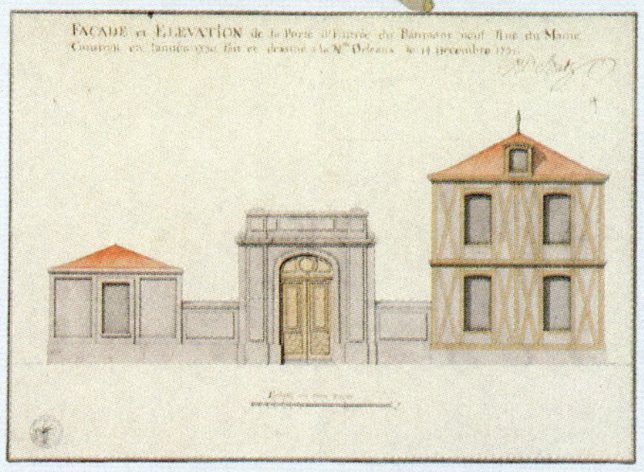

La Nouvelle-Orléans, capitale colorée de la Louisiane, peuplée aujourd'hui d'un million d'habitants, en comptait moins de 900 en 1745. Noirs, métis, Espagnols, Français et trafiquants s'y côtoyaient malgré la fièvre jaune. Tous pataugeaient dans les rues marécageuses, bien que tirées au cordeau par l'ingénieur **Pauger**. Des maisons en pierre furent même édifiées. Les sables du delta empêchaient les navires d'accoster ; les marchandises étaient transbordées sur des chaloupes à fond plat.

Le scalp : vérité et légende
Les Blancs horrifiés ont découvert cette pratique et ont développé l'image de l'Indien assoiffé de sang, à la recherche de ce trophée censé concentrer la force de son ennemi. Au XIXe siècle, des Indiens attribuent l'invention de cette mutilation aux Blancs, qui offraient une récompense pour tout scalp d'Indien. En fait, si les Indiens d'Amérique voient dans la conquête du scalp un test de la bravoure du guerrier, les Européens vont encourager cette pratique pour faire régner la terreur sur les territoires indiens.

La pagaie et la croix
Joliet et le **père Marquette**, croix en main, descendent le Mississippi.

Moqui. Après l'orage, une pluie bienfaisante.

Hidasta. A déjà tué un ennemi.

Cherokee. Peinture de guerre de la tribu.

Kiowa. Pour accueillir les guerriers victorieux.

Moqui. Que la pluie arrose le maïs.

Les peintures faciales sont une manière de communiquer dans ces tribus indiennes qui n'ont pas d'écriture.

Hurons et Iroquois

La confédération iroquoise compte cinq nations : Seneca, Cayuga, Onondaga, Oneida et Mohawk, elle s'oppose à la confédération Wendat (quatre nations, dont Attignawaton et Arendarhonon) regroupant les Hurons, qui ont reçu ce nom de leurs alliés français à cause de leurs cheveux relevés en brosse courte : «Quelle hure !». Sédentaires, excellents agriculteurs cultivant le maïs et pêcheurs, ces guerriers participent aux luttes franco-hollando-anglaises pour contrôler le marché de la fourrure, qu'ils vont chercher en canoë chez les Algonquins. Vers 1648-1650, 15 000 Iroquois éliminent 30 000 Hurons divisés.

Ce guerrier fut blessé lors d'un combat.

A été le quatrième à toucher un ennemi.

A touché un ennemi.

A tué un ennemi avec ses poings.

A été le premier à découvrir l'ennemi.

A tué l'ennemi d'un coup de fusil.

A été blessé plusieurs fois.

Les plumes parlent, ébarbées et peintes. Aigles, grues ou dindons fournissent les plumes.

Le castor, devise universelle
Dès qu'ils aperçurent les premiers Européens sur le Saint-Laurent, les Indiens s'approchèrent en canoë de leurs bateaux en brandissant des peaux de castor au bout d'une longue perche. Un fabuleux commerce, source de gros profits pour les Blancs et d'immenses malheurs pour les Indiens, était né.

Ces belles peaux chaudes, douces et lustrées, idéales pour le feutre des chapeaux, séduisent

les **pelletiers**, qui les achètent bien meilleur marché que les fourrures de Russie et de Pologne, principaux fournisseurs jusqu'alors.

Comme on les échange aux Indiens contre de la pacotille ou des objets utilitaires, on obtient des bénéfices de mille pour cent ! Le commerce de la fourrure, tout en engendrant, à l'instigation des Européens, de sanglantes guerres tribales, modifie radicalement le mode de vie indien. Ainsi, les Micmacs de la côte est, de pêcheurs qu'ils étaient, deviennent chasseurs et commerçants. Les femmes huronnes et iroquoises doivent accroître leur production agricole pour l'échanger contre les peaux qu'elles traitent, fournies par les tribus de chasseurs.

Surtout, il faut sans cesse de nouveaux territoires de chasse. La conquête de l'Ouest obéit donc en partie à l'appel du castor.

Les «Sauvages blancs» du Canada
Remontant le Missouri, de lourds radeaux se rendent vers les lieux de rendez-vous où les attendent les trappeurs des Rocheuses. Ils sont 2 000 à 3 000, la plupart Canadiens français ou métis. Proches des Indiens, ces héritiers d'**Etienne Brûlé** (v. 1592-v. 1633) – le premier des coureurs des bois qui vécut «avec les sauvages» de 1608 à 1611 et disparut corps et biens dans la forêt – auront une légendaire postérité avec **Daniel Boone** et **David Crockett** au début du XIXe siècle.

«Chemins d'eau»

Pénétrant sans cesse plus à l'ouest pour trouver de la fourrure, de hardis et courageux pionniers courent les bois et s'embarquent sur des canots chargés de verroterie, de fusils et de barils de rhum. Nouant des relations avec de nouvelles tribus, ils vont de village en village, s'arrêtant ici ou là pour l'hiver, souvent avec une compagne indienne. Ils s'intègrent peu à peu à la vie indigène. On connaît le nom de quelques-uns de ces hommes d'une trempe peu commune. Ainsi, futurs héros du panthéon québécois, deux Français, Radisson et des Groseilliers, après bien des péripéties, partent en 1661 pour le lac Supérieur, puis vers la baie d'Hudson l'année suivante. Après deux ans d'exploration, ils reviennent avec des milliers de peaux. Le gouverneur français les leur confisque. Ils se tournent alors vers les Anglais : en 1670, la célèbre Compagnie de la baie d'Hudson est créée, d'où un extraordinaire développement du commerce de la fourrure. Elle existe toujours.

LES «HOMMES À FOURRURE» Trappeurs et coureurs des bois forment alors une véritable caste.

LA POMME DE TERRE En 1769, l'académie de Besançon ouvre un concours pour un nouvel aliment végétal. **Parmentier** (1737-1813) l'emporte avec la pomme de terre, venue d'Amérique, dont la culture va se répandre en Europe.

LE TABAC Les explorateurs du XVe siècle découvrirent que les Indiens utilisaient le tabac dont le nom vient – via le castillan – d'un mot haïtien. L'«herbe à Nicot» – du nom de **Jean Nicot** (v. 1530-1600), qui l'introduit en France production échangée contre les produits manufacturés dont ont besoin les colons. La mode s'en empare, d'autant que l'on prête à ces feuilles, que l'on prise ou fume, toutes les vertus. On en fait aussi une décoction souveraine, croit-on, contre la syphilis !

sous le règne de François II – se répand en Europe au XVIe siècle. La première cargaison de tabac de Virginie arrive à Londres en 1614. Vite érigée au rang de denrée de première nécessité, elle devient la principale Passe-temps, rite social et luxe abordable, adopté par les plus grands – Jacques Ier d'Angleterre et Louis XIV, cependant, ne l'aiment pas –, le tabac apporte la prospérité aux planteurs et à la Compagnie de Virginie.

Café et coton
C'est un officier français qui introduisit la culture du café aux Antilles en 1723. En Amérique du Nord, la culture du coton, à partir de graines indiennes, connaît au XVIIIe siècle une rapide extension : la machine à filer et le métier à tisser permettent la fabrication à bas prix de la toile d'indienne.

La plantation
Les plantes tropicales appellent un nouveau mode de production semi-industriel (en bas, sucrerie et indigoterie). Si le tabac convient à la petite propriété, la canne à sucre, le cotonnier ou l'**indigotier** exigent une main-d'œuvre nombreuse et des installations spéciales, comme les moulins et les chaudières à sucre, donc de gros capitaux. La plantation modèle le paysage des colonies. Ainsi, en 1789, **Saint-Domingue**, possession française et espagnole, compte 783 sucreries, 3117 caféteries, 3151 indigoteries et 789 cotonneries.

Sitôt l'Amérique découverte, l'Espagne et le Portugal se taillent un immense empire colonial. La Hollande, l'Angleterre et la France les imitent. Toutes ces puissances sont mercantilistes : elles importent le minimum de matières premières et exportent le maximum de produits finis. Les colonies fournissent à la métropole ce qu'elle ne peut produire elle-même, comme les plantes qui poussent très bien sous le climat tropical des Antilles : café, canne à sucre, cacao, riz, tabac, indigo, etc. Ce climat, les Noirs le supportent mieux que les Blancs : il suffit donc de les déporter d'Afrique vers les Antilles ou l'Amérique, après les avoir capturés ou achetés, et, pour rentabiliser le voyage, de rapporter en Europe la production des îles ou du continent. C'est le trafic triangulaire, dont le circuit dure en moyenne dix-huit mois. Entre Rio de Janeiro (Brésil) et la baie de Chesapeake (Virginie) se développent les grandes plantations esclavagistes alimentées par la traite négrière. Des millions de Noirs vont vivre cette tragédie.

De l'influence de la mode
Aux XVIIe et XVIIIe siècles, de nouveaux goûts apparaissent en Europe et les produits tropicaux provenant des colonies deviennent à la mode : le café, le tabac, le sucre, puis le riz, mais aussi les plantes tinctoriales comme l'indigotier, originaire des Indes, la fibre de coton pour les tissus, ou le chocolat, boisson qui fait fureur et à laquelle on prête toutes les vertus.

Si elles se développent d'abord dans l'aristocratie, ces modes gagnent le peuple, malgré les prix élevés de ces produits exotiques. La mode devient vite une habitude, et l'habitude un besoin. Ainsi, l'Europe du XVIIIe siècle est prise d'engouement pour le petit déjeuner «à la parisienne» : le café au lait sucré. Chaque tasse représente un nouvel esclave arraché à sa terre africaine : voilà comment le triple bénéfice du commerce triangulaire s'accroît.

Index

CAROLUS GUSTAV REX OBIIT 1660

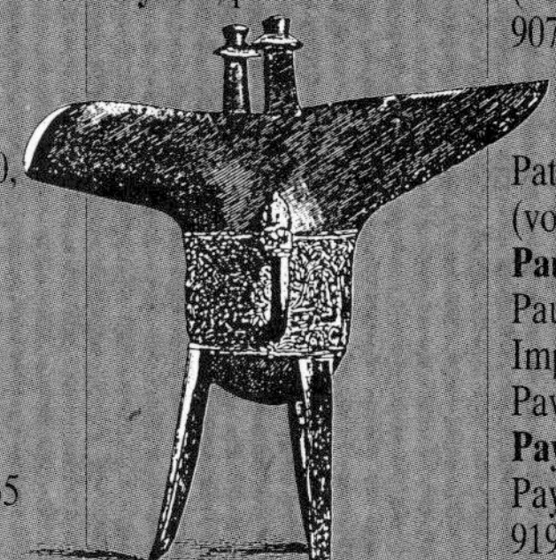

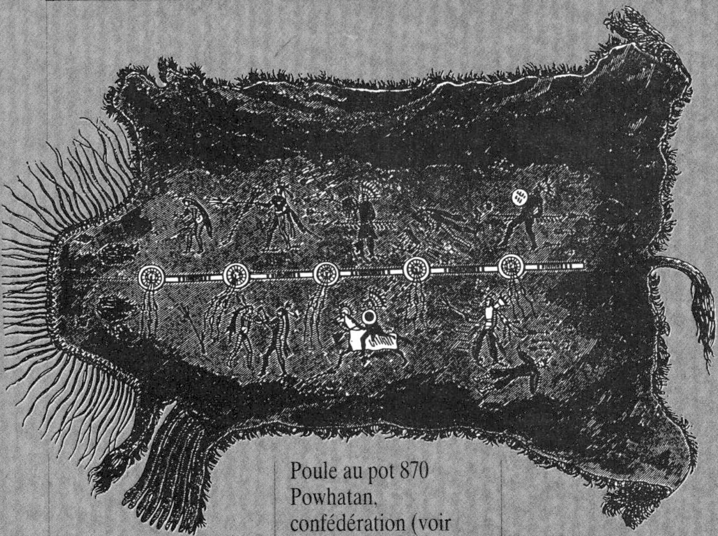

Q

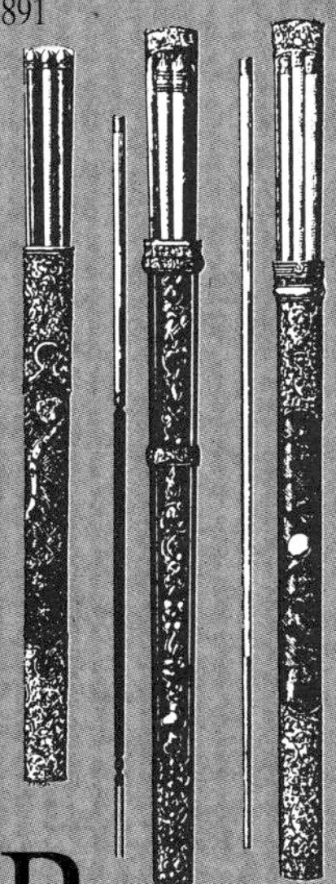

R

S

T

U

V

W

X

Y

Z

Crédits photographiques :

col. : colonne; **h** : haut; **m** : milieu; **b** : bas

p. 865 col. 1-7 : H. Cuadrado/ Gallimard, Paris; col. 2, 3 : J.-L. Charmet, Paris; col. 7 : R.M.N., Paris; **p. 866** col. 1-4 : R.M.N., Paris; col. 4-6 : B.N., Paris; col. 5.6 : Bulloz, Paris; col. 4-7 b : R.M.N., Paris; **p. 867** col. 1, 2 h et m : Larousse, Paris; b : Pérony/Musée national du château de Pau; col. 6, 7 : R.M.N., Paris; **p. 868** col. 1-3 : National Gallery, Londres; **p. 868-869** : Lauros-Giraudon, Paris; **p. 870** col. 1, 2 : G. Dagli Orti, Paris; col. 5-7 : Lauros-Giraudon, Paris; col. 6, 7 : B.N., Paris; **p. 871** col. 4 et 6, 7 : R.M.N., Paris; col. 4-7 m : Lauros-Giraudon, Paris; col. 4-7 b : R.M.N., Paris; **p. 872** col. 1 : Oronoz/Artephot, Paris; col. 1-3 m : Lauros-Giraudon, Paris; col. 1-3 b : Oronoz/ Artephot, Paris; col. 3-6 : R.M.N., Paris; col. 7 : J.-L. Charmet, Paris; **p. 873** col. 1, 2 : Lauros-Giraudon, Paris; col. 6, 7 h et m : Giraudon, Paris; b : J.-L. Charmet, Paris; **p. 872-873** : J.-L. Charmet; **p. 874** col. 1-3 : J.-L. Charmet, Paris; col. 1, 2 : P. Couratin, Paris; **p. 874-875** : G. Namur/ Explorer, Paris; **p. 875** col. 1, 2 : Giraudon, Paris; col. 4 : R.M.N., Paris; col. 3-5 : B.N., Paris; col. 5 : J. Vigne, Gennevilliers; col. 1-4 b : R.M.N., Paris; **p. 876** col. 2, 3 : D. R.; **p. 877** col. 6 : R.M.N., Paris; col. 7 h : Mary Evans/Explorer, Paris; col. 5-7 : M. de Picardie, Amiens/Giraudon, Paris; col. 7 b : Giraudon, Paris; **p. 878** col. 1 h : Giraudon, Paris; col. 1, 2 b : G. Dagli Orti, Paris; col. 5 : musée de l'Armée, Paris; col. 6, 7 : Giraudon, Paris; **p. 879** col. 1 et 5-7 h : Lauros-Giraudon, Paris; col. 6, 7 : J.-L. Charmet, Paris; **p. 878-879** : R.M.N., Paris; **p. 880** col. 1, 2 h : R.M.N., Paris; col. 2 m : J.-L. Charmet, Paris; col. 3-5 et 5-7 et 1-7 b : R.M.N., Paris; **p. 881** col. 1-7 : R.M.N., Paris; col. 1 : A. Chastel-A. Courtois, Vaux-le-Vicomte; col. 7 : Giraudon, Paris; **p. 882** col. 1-7 B. Lenormand/ Nouveaux Loisirs, Paris; **p. 883** col. 1-2 : Giraudon, Paris; col. 5 : Lauros-Giraudon, Paris; col.3-5 m et 6-7 : J. Vigne, Gennevilliers; **p. 884** col. 1, 2 : Mary Evans, Londres; col. 3-6 : G. Dagli Orti, Paris; **p. 885** col. 1-3 : E. Lessing/Magnum, Paris; col. 6, 7 h et b : D.R.; **p. 884-885** m : musée de l'Armée, Paris; b : E. Lessing/Magnum, Paris; **p. 886** col. 1, 2 h : R.M.N., Paris; m : Scala, Florence; **p. 887** col. 7 : Lauros-Giraudon, Paris; **p. 886-887** : by permission of Her Majesty the Queen Elisabeth II; **p. 888** col. 1, 2 h : Gallimard, Paris; col.1, 2 m et b : Lauros-Giraudon, Paris; col. 3-7 : Statens konstmuseer, Nationalmuseum, Stockholm; **p. 889** col. 1 h : R.M.N., Paris; col. 1 b : D.R.; col. 4, 5 h : R.M.N., Paris; col. 3-5 b : P. Pitrou/Gallimard, Paris; col. 6-7 h : Archives nationales, Paris; col. 6-7 b : R.M.N., Paris; **p. 890** col. 1-7 : R.M.N., Paris; col. 5 : Giraudon, Paris; col. 6 : B.N., Paris; col. 1-5 b : B.N., Paris; **p. 891** col. 1, 2 : Roger-Viollet, Paris; col. 6, 7 h : Giraudon, Paris; m : J.-L. Charmet, Paris; b : R.M.N., Paris; **p. 890-891** : J.-L. Charmet, Paris; **p. 892** col. 1, 2 h : G. Dagli Orti, Paris; m : B.N., Paris; b : R.M.N., Paris; **p. 893** col. 1, 2 et 7 : J.-L. Charmet, Paris; **p. 894** col. 1-3 : R.M.N., Paris; col. 1, 2 : R.M.N., Paris; **p. 895** col. 6, 7 h : R.M.N., Paris; col. 6, 7 m et 5, 6 : D.R.; **p. 894-895** : R.M.N., Paris; **p. 896** col. 1-7 h : Gallimard, Paris; col. 1-5 : R.M.N., Paris; col. 1 m : R.M.N., Paris; col. 6-7 : B.N., Paris; col. 1-7 b : Giraudon, Paris; **p. 897** col. 1-7 : B.N., Paris; col. 2-4 : Lauros-Giraudon, Paris; **p. 898** col. 1 : Bridgeman Art Library, London; col. 2-3; 2-7 : Peter Jackson collection, London; **p. 898-899** h : Giraudon, Paris; b : Museum of London, Londres; **p. 899** col. 5-7h : Museum of London, Londres; b : Peter Jackson collection, Londres; **p. 900** col. 1h : Musée Boymans-van Beuningen, Rotterdam; b : Library of Congress, Washington; **p. 901** col. 6, 7h : B.N., Paris; b : Christie's Colour Library, Londres; **p. 902** col. 1-3 : National Gallery, Londres; col. 1 : R.M.N., Paris; **p. 902-903** : Germanisches Nationalmuseums, Nuremberg; **p. 903** col. 4 : R.M.N., Paris; col. 5, 6, 7 : Rijksmuseum, Amsterdam; **p. 904** col. 1-2h : Lauros-Giraudon, Paris; b : Bibliothèque centrale M.N.H.N., Paris; col. 5-7 : National Gallery, Londres; **p. 906** col. 1-4 : Bridgeman/Giraudon, Paris; col. 1 : D.R.; col. 5 : Édimedia, Paris; col. 6, 7 : Mary-Evans/Explorer, Paris; **p. 906-907** : John Soane's museum, Londres; **p. 907** : Édimedia, Paris; **p. 908** col. 1h : Museum Boerhaave, Leyde; b : Nimatallah/Artephot, Paris; col. 2h : J. Vigne, Gennevilliers; b : Explorer archives, Paris; col. 1-3 : J.-L. Charmet, Paris; col. 6, 7 : Giraudon, Paris; **p. 908-909** : Bridgeman/Giraudon, Paris; **p. 909** col. 1, 2 : Kunsthistorisches Museum, Vienne; col. 3, 4 : Oronoz/Artephot, Paris; col. 6, 7 : Royal College of Surgeons, Londres; **p. 910** : col. 1-3h : Rijksmuseum, Amsterdam; b : Lauros-Giraudon, Paris; col. 4, 5; 6, 7 : D.R.; col. 7 : British Museum, Londres; **p. 911** col. 1, 2 : Bonora/Giraudon, Paris; col. 1-3, 6 : Giraudon; col. 1-7 : Lauros-Giraudon, Paris; **p. 912** col. 1-2, 6-7 : J. Vigne, Gennevilliers; col. 3-5 : Roger-Viollet, Paris; **p. 913** col. 1-7 : A.P.N., Paris; **p. 914** col. 1, 2 : Niels Elswing/ National Museet, Copenhague; D.R.; A.P.N., Paris; col. 3, 4 : Gallimard, Paris; **p. 913-914** : D.R.; Gallimard, Paris; **p. 914** col. 4, 5 : D.R.; British Library, Londres; col. 6, 7 : A.P.N., Paris; **p. 916** col. 1, 2 et 5, 6 : J. Vigne, Gennevilliers; **p. 918** col. 1, 2 : A.P.N., Paris; D.R; col. 3-7 : A.P.N., Paris; **p. 918-919** : Gallimard, Paris; **p. 919** col. 1, 2 : A.P.N., Paris; col. 5-7 : J. Vigne, Gennevilliers; **p. 920** col. 1-7 : A.P.N., Paris; col. 5 : D.R.; **p. 920-921** : A.P.N., Paris; **p. 921** col. 1-3 : Lessing/Magnum, Paris; col. 6, 7 : British Library, Londres; **p. 922** col. 1, 2 : D.R.; Roger-Viollet, Paris; col. 4-7 : Roger-Viollet, Paris; G. Dagli Orti, Paris; **p. 923** col. 1-5 : Roger-Viollet, Paris; Bibliothèque de l'Institut, Paris; col. 6, 7 : Lauros-Giraudon, Paris; **p. 924** col. 1-3 : D.R.; A.P.N., Paris; col. 5, 6 : R.M.N., Paris; **p. 924-925** : The Bridgeman Art Library, Londres; **p. 925** col. 1, 2 : A.P.N., Paris; col. 5-7 : D.R.; Gallimard, Paris; A.P.N., Paris; D.R.; **p. 927** col. 6, 7 : A.P.N., Paris; J. Vigne, Gennevilliers; A.P.N., Paris; **p. 928** col. 1, 2 et 6, 7 : J. Vigne, Gennevilliers; col. 3, 4 : Roger-Viollet, Paris; col. 1-7 : Gallimard, Paris; **p. 929** col. 1-7 : B.N., Paris; col. 1-3 : The Bridgeman Art Library, Londres; col. 6 : British Museum, Londres; **p. 930** col. 1-4 : D.R.; col. 5-7 : British Museum, Londres; **p. 931** col. 1-3 : British Museum, Londres; col. 4 : J.-L. Nou, Paris; col. 5-7 : Victoria & Albert Museum, Londres; The Bridgeman Art Library, Londres; **p. 932** col. 1, 2 : Coll. Prince Sadruddin Aga Khan; R.M.N., Paris; **p. 933** col. 4, 5 : Victoria & Albert Museum, Londres; col. 7 : Freer Gallery of Art/Smithsonian Institution, Washington; **p. 934** col. 1, 2 : The Bridgeman Art Library, Londres; The J. Paul Getty Museum, Santa Monica; col. 2, 3 : Imprimerie nationale, Paris; R.M.N., Paris; col. 4 : J.-L. Nou, Paris; **p. 934-935 :** British Library, Paris; **p. 935** col. 4, 5 : Royal Library, Windsor Castle; col. 6, 7 : D.R.; Hamilton, Londres; D.R.; **p. 936** col. 1, 2 : R.M.N., Paris; B.N., Paris; col. 2, 3 : R.M.N., Paris; **p. 936-937 :** National Palace Museum, Taiwan; **p. 937** col. 5-7 : Percheron/Artephot, Paris; **p. 937** col. 3-6 : Gallimard, Paris; **p. 938** col. 7 : Gallimard, Paris; **p. 940** col. 1-3 : Les Fontaines, Chantilly; col. 7 : D.R.; **p. 940-941 :** R.M.N., Paris; **p. 941** col. 1, 2 : M. Hervé/ musée Leblanc-Duvernoy, Auxerre; **p. 942** col. 1, 2 : Manufacture nationale de Sèvres; col. 6, 7 : R.M.N., Paris; **p. 942-943 :** Manufacture nationale de Sèvres; **p. 943** col. 1-4 : Manufacture nationale de Sèvres; R.M.N., Paris; col. 5-7 : Lauros-Giraudon, Paris; R.M.N., Paris; **p. 944** col. 1-7 : R.M.N., Paris; B.N., Paris; col. 1, 2 : R.M.N., Paris; col. 6, 7 : Studio Agis/musée de Guéret; **p. 945** col. 1-7, 5, 6 : The Granger Collection, New York; col. 1 : Gallimard, Paris; **p. 946** col. 1-3, 3, 1-7 : The Granger Collection, New York; col. 7 : The American Numismatic Society, New York; **p. 947** col. 1, 2, 4-7 : The Granger Collection, New York; col. 3 : D.R.; col. 7 : B.N., Paris; **p. 948** col. 1-3 : Lauros/ Giraudon, Paris; col. 1, 2 : B.N., Paris; **p. 948-949** : G. Houbre, Paris; **p. 949** col. 6, 7 h : The Granger Collection, New York; b : D.R.; **p. 950** col. 1, 2 : P.P.P., Paris; col. 6, 7 : The Granger Collection, New York; **p. 950-951** : D.R.; **p. 951** col. 1-3 : Corcoran Gallery of Art, Washington; col. 4 : D.R.; col. 5-7 : P.P.P., Paris; **p. 952** col. 1 : Explorer Archives, Paris; B.N., Paris; Mary Evans, Londres; **p. 952-953** : Lauros/Giraudon, Paris; **p. 953** col. 4, 5h : J. Vigne, Gennevilliers; b : E.T. Archives, Londres; col. 6, 7 hm : B.N., Paris; b :J.-L. Charmet, Paris; **p. 954** col. 1, col. 1-5 : D.R.; col. 2-5 : B.N., Paris; col. 5 : J. Vigne, Gennevilliers; **p. 955** col. 2-7, 5, 6 : Archives nationales, Aix; col. 2, 2-4 : Bibliothèque centrale M.N.H.N., Paris; col. 5-7h : D.R.; b : Bettman Archives, New York; **p. 958** col. 1, 2 : D.R.; col. 2, 3, 1-3 : B.N., Paris; **p. 958-959** : Tapabor, Paris; **p. 959** col. 5 : Gallimard, Paris; col. 6, 7 : Explorer Archives, Paris; Bulloz, Paris; Roger-Viollet, Paris; **p. 960** col. 1 : J.-L. Charmet/Explorer Archives; col. 1, 2 : Bibliothèque centrale M.N.H.N., Paris; col. 2 : Édimedia, Paris; col. 3-5 : Jame's Prunier/Gallimard, Paris; col. 7 : Gallimard, Paris; col. 6 : Édimedia, Paris; col. 7 : Scala, Florence; col. 5-7 : E.T. Archives, Londres; col. 1-7 : Lauros/Giraudon.

Couverture et page de titre : (de haut en bas et de gauche à droite) 1er plat et page de titre : col. 1 : D.R.; col. 2,3 : C. Delamarre, P.I.J. Gallimard-Larousse, Paris; col. 3-6 et 3,4 : musée de l'Armée, Paris; col. 2-4 : E. Lessing/Magnum, Paris; col. 5 : R.M.N., Paris; col. 6 h : British Museum, Londres; J.L. Charmet, Paris; col. 7 : Giraudon, Paris; col. 2 m : D.R.; Dos : R.M.N., Paris; 4e plat : col. 1,2 : British Museum, Londres; col. 5-7 : National Gallery, Londres; **Garde p. III :** British Museum, Londres; **p. VI :** col. 2-4 h : Roger-Viollet, Paris; m : D.R.; **p. VI-VII :** J.L. Morelle, P.I.J. Gallimard-Larousse, Paris; **p. VII :** 4 : J.L. Charmet, Paris; col. 5-7 h : P.P.P., Paris; m : Manufacture nationale de Sèvres; **p. VIII :** col. 1,2 : B.N., Paris; col. 7 : R.M.N., Paris; col. 1-7 : Giraudon, Paris; **pp. IX-XIII :** D.R.

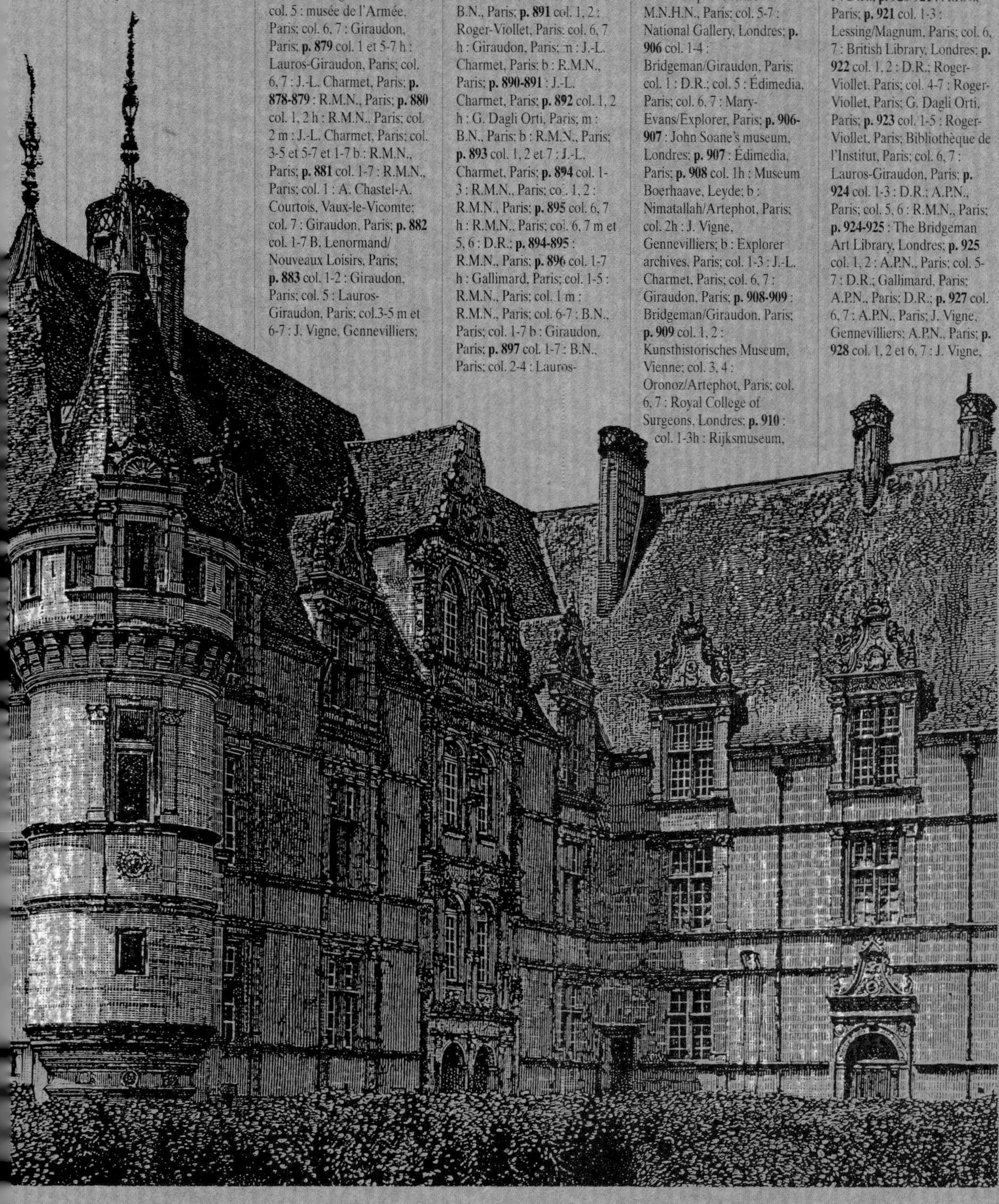

Table des illustrations :

Nicole Baron (p. 932-933); Matthieu Blanchin (p. 956-957); Vincent Brunot (p. 926-927); Jean-Philippe Chabot (couverture, p. 892-893); Claude Delamarre (p. 905, 947, col. 1 p 956, col. 7 p. 957); Jerry Embleton (p. 870-871); Shi-Cong Fang (p. 938-939); Henri Galeron (p. 874); Donald Grant (p. 900-901, 904-905); Christian Heinrich (p. 818-819); Jean-Louis Morelle (p. 916-917, 922-923); Nicolas Wintz (p. 876-877). Mise en couleurs : Dominique Beccaria (p. 898, 906, 944, 954); Marc Lagarde (p. 926-927). Cartographie : Patrick Mérienne.